Vulkane	Das alte Rom	Hunde	Wasser	Flugmaschinen	Große Musiker
37	38	39	40	41	42

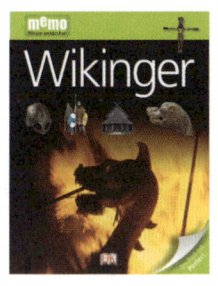 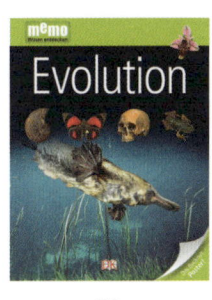

Pferde	Kriminalistik	Säugetiere	Wetter	Fossilien	Pflanzen
43	44	45	46	47	48

Wikinger	Evolution
49	50

Alphabetische Reihenfolge der Bände auf der letzten Seite

Städte

Souvenir aus
New York

becak, eine Fahrradrikscha,
Yogyakarta (Indonesien)

Venezianische
Maske

Bronzeskulptur von Romulus und
Remus mit der Wölfin, Rom

Akbil-Fahrausweise,
Istanbul

Pokerchips

Katapult aus
dem 12. Jh.

memo
Wissen entdecken

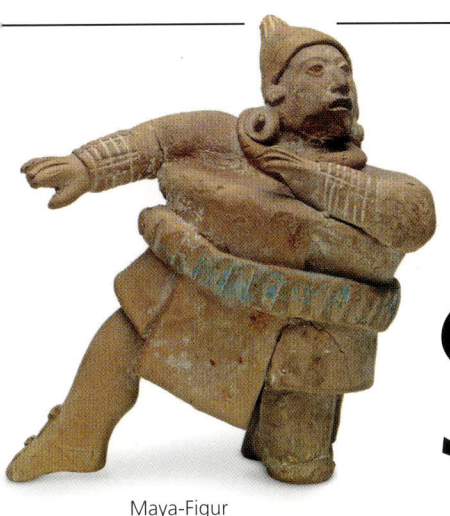

Maya-Figur
eines Ballspielers

Städte

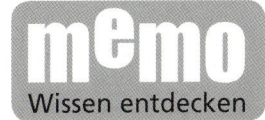

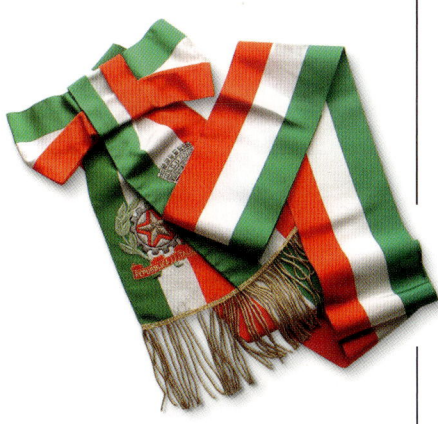

Bürgermeister-
schärpe aus Italien

Text von
Philip Steele

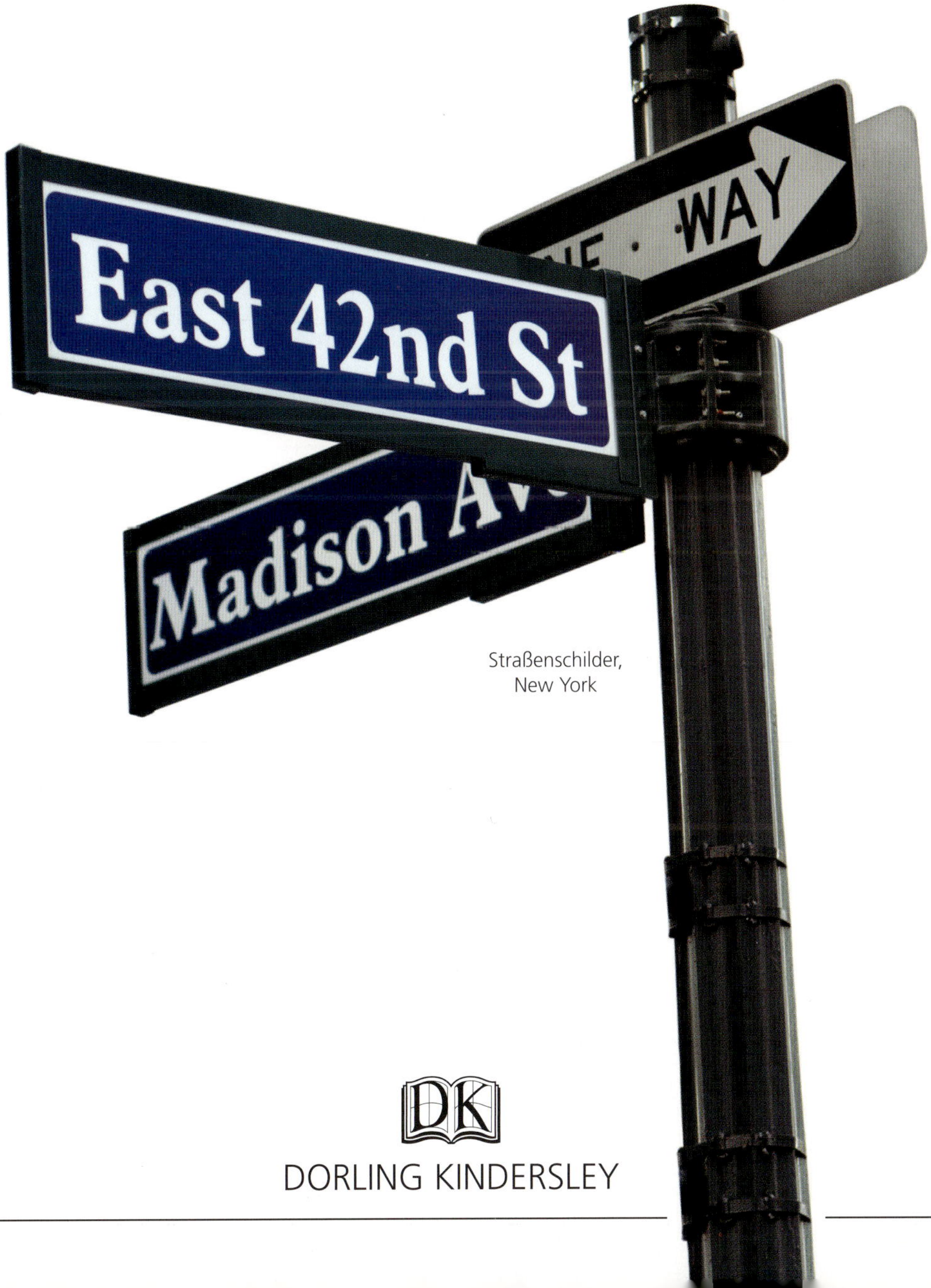

Straßenschilder,
New York

DK
DORLING KINDERSLEY

Mitglied der
Schweizergarde,
Vatikan

DORLING KINDERSLEY

London, New York, Melbourne, München und Delhi

Fachliche Beratung Max Steuer

DK Delhi
Redaktion Ankush Saikia
Gestaltung Govind Mittal, Prashant Kumar
Lektorat Pieu Biswas
DTP-Design Tarun Sharma, Jagtar Singh
Cheflektorat Suchismita Banerjee
Chefbildlektorat Romi Chakraborty
Herstellung Pankaj Sharma, Aparna Sharma

DK London
Lektorat Dr. Rob Houston
Redaktion Jessamy Wood
Cheflektorat Julie Ferris
Chefbildlektorat Owen Peyton Jones
Programmleitung Andrew Macintyre
Bildrecherche Ria Jones
Herstellung Marc Staples, Charlotte Oliver
Umschlaggestaltung Smiljka Surla

Für die deutsche Ausgabe:
Programmleitung Monika Schlitzer
Projektbetreuung Martina Glöde, Janna Heimberg
Herstellungsleitung Dorothee Whittaker
Herstellung Anna Ponton

Bibliografische Information Der Deutschen Bibliothek
Die Deutsche Bibliothek verzeichnet diese Publikation in der
Deutschen Nationalbibliografie; detaillierte bibliografische Daten
sind im Internet über http://dnb.ddb.de abrufbar.

Übersetzung Birgit Reit
Lektorat Ellen Astor
Satz Roman Bold & Black

ISBN 978-3-8310-1907-6

Colour reproduction by MDP, UK
Printed and bound in Hong Kong

Besuchen Sie uns im Internet
www.dorlingkindersley.de

Chinesische
Papierlaterne,
typisch für
chinesische
Stadtviertel
(Chinatowns)

Farbige Diamanten aus
Johannesburg (Südafrika)

Gefäß aus
Tiahuanaco
(Südamerika)

Elektrisches Konzeptauto
Nissan PIVO 2

Wolkenkratzer,
New York

Inhalt

Jeepney, Manila (Philippinen)

Was ist eine Stadt?	6		
Die ersten Städte	8		
Eine gute Lage	10		
Türme und Kuppeln	12		
Ewige Städte	14	Stadtverwaltung	44
Vergessene Städte	16	Wahrzeichen	46
Stadtmauern	18	Freiräume	48
Handel und Industrie	20	Kunst und Kultur	50
Städte im Krieg	22	Sport	52
Bezirke und Viertel	24	Feiertage und Feste	54
Stadtansichten	26	Eine Stadt schläft nie	56
In die Höhe	28	Kampf den Elementen	58
In die Breite	30	In der Gefahrenzone	60
Bevölkerungsdruck	32	Städte der Zukunft	62
Zusammenleben	34	Die Top Ten unter den Städten	64
Arbeit in der Stadt	36	Sehenswürdigkeiten	66
Stadtverkehr	38	Wichtige Zahlen	68
Unter der Erde	40	Glossar	70
Versorgung	42	Register	72

Was ist eine Stadt?

Die Hälfte der 7 Milliarden Menschen, die heute die Welt bevölkern, lebt nicht mehr auf dem Land, sondern in Städten, die seit einiger Zeit rapide wachsen. Städte sind dicht besiedelte Gemeinden mit eigener Verwaltung und Versorgung. Ihre Größe reicht von einigen Hundert bis hin zu vielen Millionen Einwohnern, also von der Kleinstadt bis zu riesigen Megastädten und Ballungsräumen. Kennzeichnend ist das dicht bebaute Stadtzentrum, wo sich die Stadtverwaltung, Einkaufsmöglichkeiten, Restaurants, Kirchen und oft ein Bahnhof befinden. In großen Städten trifft man viele Menschen, kann Geschäfte machen, Gedanken austauschen, studieren und sich amüsieren, obwohl sich manche Leute dort auch einsam fühlen. In Kunst, Politik, Wirtschaft und anderen Lebensbereichen spielen Städte von jeher eine Vorreiterrolle.

Anteil der Stadtbewohner an der Weltbevölkerung in Prozent

3% (1800) · 14% (1900) · 30% (1950) · 50% (2010)

Jahr: 1800 · 1850 · 1900 · 1950 · 2010

ENTWICKLUNG UND WACHSTUM
Die Zunahme der Einwohnerzahl und die Ausbreitung von Städten nennt man Urbanisierung. Das Diagramm zeigt, dass die Städte seit Beginn der Industrialisierung um 1800, als viele Arbeitsplätze entstanden, rapide anwachsen. Heute ziehen viele Leute in die Stadt, weil sie dort höhere Einkommen und bessere Dienstleistungen erwarten.

DOMSTÄDTE
Im Mittelalter wetteiferten die europäischen Städte darum, welche die größte und schönste Kathedrale bauen konnte. Sie wollten dadurch nicht nur ihren Glauben an Gott beweisen, sondern auch ihren Reichtum zur Schau stellen. Der Mailänder Dom (Italien) entstand zwischen 1386 und 1965. Er ist der viertgrößte Kirchenbau der Welt. Heute sind die Kathedralen nicht nur religiöse Zentren. Sie dokumentieren gleichzeitig die Geschichte ihrer Stadt im Lauf der Jahrhunderte.

MEGASTÄDTE
In China reicht die Tradition des Städtebaus mehrere Jahrtausende zurück. Im 21. Jh. erlebt das Land eine neue Phase der Urbanisierung, in der die Wolkenkratzer wie Pilze aus dem Boden schießen. Dies ist die Sonderwirtschaftszone Pudong im Hafen von Shanghai, dem größten Handels- und Finanzzentrum in der am schnellsten wachsenden Volkswirtschaft der Welt. Shanghai hat gegenwärtig mehr als 18 Mio. Einwohner.

REGIERUNGSZENTREN

Der Nationalrat der Schweiz tritt in den Parlamentsgebäuden der wunderschönen alten Bundesstadt Bern zusammen. Städte sind häufig Zentren regionaler oder staatlicher Macht. Sie können Sitz eines Königshofs oder von Parlamenten und Ministerien sein, sie können auch die obersten Gerichte beherbergen. Viele Menschen arbeiten dort als Beamte und Angestellte in der Verwaltung.

PULSIERENDES SYDNEY

Kunstvolle Lichtprojektionen verwandeln das Dach des Opernhauses von Sydney in eine Leinwand. Das jährliche Festival „Vivid Sydney" mit vielen Aufführungen, Ausstellungen und Diskussionsveranstaltungen dauert einen knappen Monat. Sydney unterstreicht damit seine Position als kreatives Zentrum im asiatisch-pazifischen Raum. Zur Premiere 2009 verzeichnete das Festival 200 000 Besucher. Städte waren schon immer Zentren der Kultur und der Kunst, die dort auch ihren Ursprung haben. Spektakuläre Kunstfestivals machen die Städte für ihre Bewohner attraktiv und ziehen viele Besucher an.

ARBEIT IN DER STADT

1867 in Frankreich: Mit einem schweren Dampfhammer wird Eisen geschmiedet. Die Schwerindustrie des 19. Jh. formte die Städte im wahrsten Sinne des Wortes. Aus Eisen wurden Züge und Bahnhöfe, Brücken, Türme und Viadukte gebaut. Die Städte waren eng, laut und rußgeschwärzt. Die Arbeit – schwer und schlecht bezahlt – bildete damals wie heute die Hauptexistenzgrundlage einer Stadt.

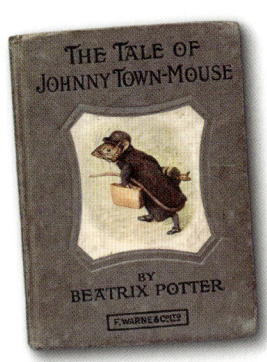

STADT UND LAND

Der griechische Fabeldichter Äsop erzählte schon vor 2600 Jahren von den unterschiedlichen Lebensweisen in Stadt und Land. In der Fabel von der Stadtmaus und der Landmaus, die sich gegenseitig besuchen, stellt Äsop das Landleben als einfach, aber ehrlich dar. Das Leben in der Stadt ist dagegen zwar angenehm, aber voller Gefahren, Täuschungen und Sorgen. Viele Kinderbuchautoren haben diese Geschichte nacherzählt, darunter Beatrix Potter im Jahr 1917.

Die ersten Städte

NAHRUNGSMITTEL FÜR STÄDTE
In China gab es die ersten Bauern um 6000 v. Chr. Wie überall auf der Welt bedeutete die regelmäßige Lieferung von Nahrungsmitteln durch die Landwirtschaft, dass die Menschen sesshaft wurden. Diese grünen Terrassenfelder in der Provinz Guangxi (Südchina) beliefern die Städte in der Umgebung mit Nahrungsmitteln.

DER GRIECHISCHE STADTSTAAT
Die griechische Hauptstadt Athen hat heute mehr als 3 Mio. Einwohner. Vor rund 2500 Jahren lebten dort knapp 60 000 Menschen. Athen entwickelte sich von einer kleinen, unabhängigen Gemeinde zu einem mächtigen Stadtstaat, der die umliegende Region beherrschte. Athen lag, wie viele antike Städte, in erhöhter Lage rund um den Felsen der Akropolis und war von einer Verteidigungsmauer umgeben.

Die frühen Menschen zogen umher und ernährten sich als Jäger und Sammler von wilden Tieren und Pflanzen. Vor etwa 12 000 Jahren begannen die Menschen im Nahen und Mittleren Osten, Pflanzen anzubauen und Tierherden zu halten. So konnten sie dafür sorgen, dass sie genug Nahrung hatten, und sich in dauerhaften Siedlungen niederlassen. Kleine Bauerndörfer wurden mit der Zeit zu größeren Handelsknotenpunkten, in denen sich umfassende Gesellschaftsordnungen, Rechtssysteme, Religionen und die Schrift entwickelten. Ab etwa 4000 v. Chr. waren einige Städte so groß, dass andere dagegen wie Zwerge wirkten. Das waren die ersten Metropolen.

DAS ZUSAMMENLEBEN
Archäologische Ausgrabungen bei Çatal Hüyük (Türkei) bieten Einblicke in das Leben der Menschen vor knapp 10 000 Jahren. Einfache Häuser aus verputzten Lehmziegeln lagen ohne trennende Straßen dicht nebeneinander. Die Einwohner gelangten über Holzleitern vom Dach in die Häuser. Sie lebten von Jagd, Landwirtschaft und vom Handel. Zudem stellten sie Tonwaren, Schmuck und Stoffe her. Ihre Kultstätten waren mit Stierhörnern geschmückt.

Eine der 46 äußeren Säulen des Tempels

Der Parthenon, Tempel der griechischen Göttin Athene, auf der Akropolis in Athen

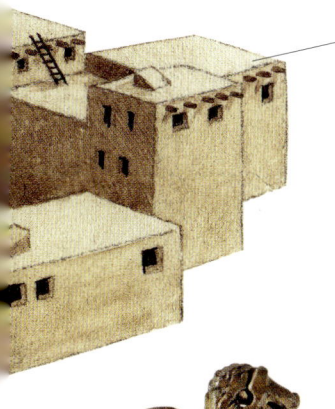

Flaches Dach aus
Eichenschindeln,
Schilf und Lehm

Maya-König

HERRSCHER UND UNTERTANEN

Diese Pyramide zeigt die Gesellschaftsordnung in einer typischen Maya-Stadt wie Bonampak (im heutigen Guatemala) um 790 n. Chr. An der Spitze stand der König, gefolgt von Adligen und Priestern. Weitere Gruppen, z. B. Handwerker, waren zuständig für die Herstellung von Töpfer- und Metallwaren sowie Werkzeug. Die unterste Ebene bildeten die Bauern, Arbeiter und Sklaven, die sich um den Bau, die Erhaltung und die Versorgung der Städte kümmerten.

Mitglieder der
Königsfamilie

Adlige, Priester
und Krieger

Händler,
Beamte und
Handwerker

Bauern, Arbeiter
und Sklaven

Aus Knochen
geschnitztes Schaf

DIE ÄLTESTE STADTMAUER

Diese kleine Tierfigur aus Knochen fanden Archäologen bei Hamoukar (Syrien). Der Ort stammt aus der Zeit um 4000 v. Chr. und ist damit die vielleicht älteste bisher entdeckte ummauerte Stadt. Dort lebten etwa 25 000 Menschen. In Hamoukar fand man Töpfe, Brotöfen, Brunnen und Stempel zum Bestempeln von Tontafeln. Um 3500 v. Chr. wurde die Stadt durch Kriege zerstört.

HANDELSKNOTEN

Städte waren von Anfang an Zentren, in denen Töpferwaren, Stoffe, Schmuck und Waffen hergestellt wurden. Damit wurde Handel getrieben. Durch die Handelsbeziehungen wurden die Städte wohlhabend und es entstanden mächtige Reiche. Zwischen 600 und 800 n. Chr. handelten die Städte Tiahuanaco und Huari in den Anden (Südamerika) mit Stoffen und feinem Geschirr. Händler aus Tiahuanaco brachten die Waren auf Lamas in andere Städte und Regionen.

Gefäß aus Tiahuanaco

STADTFINANZEN

Um eine Stadt zu verwalten, muss man Dinge zählen und aufschreiben können. In diese Tontafel wurden kleine Zeichen in Keilschrift eingeritzt. Die Tafel mit einer Liste der Arbeitsstunden und Löhne, die zum Pflügen der Felder in der Stadt Umma (im heutigen Irak) aufgewandt wurden, stammt aus dem Jahr 2031 v. Chr. Die Schrift erlaubt es auch, Botschaften auszutauschen und Gesetze niederzuschreiben. In Palastarchiven wurden oft Tausende solcher Tafeln aufbewahrt.

Tontafel aus der alten
sumerischen Stadt Umma

Bronzeskulptur von
Romulus und Remus
mit der Wölfin

GRÜNDUNGSLEGENDEN

Die Stadt Rom (Italien) entstand aus einer Ansammlung von Dörfern im Tal des Flusses Tiber. Es gibt mehrere Geschichten über die Gründung der berühmten Stadt. Eine besagt, dass Rom im Jahr 753 v. Chr. von Romulus, dem Sohn des Kriegsgotts Mars gegründet wurde. Romulus und sein Zwillingsbruder Remus wurden als Babys ausgesetzt und von einer Wölfin großgezogen. Da diese Geschichte auch fast 2000 Jahre später noch sehr populär war, wurde eine Bronzeskulptur der Wölfin und des Zwillingspaars gegossen.

Eine gute Lage

Damit sich eine Stadt entwickeln kann, muss sie an einer Stelle liegen, an der die Bewohner Zugang zu Trinkwasser, Nahrung und Baumaterial haben. Ideale Lagen sind Hügel, die sich gut verteidigen lassen, oder Täler, die Schutz vor schlechtem Wetter bieten. Auch Orte, an denen es Rohstoffe und Handelsgüter wie Erdöl oder Diamanten gibt, bieten sich als Standort an. Viele Städte wurden an Kreuzungspunkten von Handelsrouten, an Flüssen oder entlang der Küste erbaut, weil sich von dort aus Waren gut transportieren lassen. Diese Städte entwickelten sich im Lauf der Zeit zu großen Industrie- und Handelszentren. Eine Hauptstadt ist offiziell die wichtigste Stadt eines Landes oder einer Region. Es muss nicht die größte Stadt des Landes sein, aber meist befinden sich dort die wichtigsten Regierungsstellen.

DER FLUSS ALS LEBENSADER

Oft liegen Städte an Flüssen, weil diese Wasser zum Trinken und zur Bewässerung der Felder liefern und zudem einen Transportweg bieten. Florenz (Italien) liegt im fruchtbaren Tal des Arno. Die Stadt war für ihre Stoffe, v. a. aus Wolle, berühmt und der Fluss bot einen guten Handelsweg. Wegen dieser Standortvorteile entwickelte sich Florenz zu einem Zentrum der Wirtschaft, der Wissenschaften und der Kunst. Nur die Überflutungen waren immer wieder ein Problem.

Das Lincoln Memorial auf einer Ein-Cent-Münze (USA)

HAUPTSTADT

Washington D.C., die Hauptstadt der USA, wurde kurz nach der Unabhängigkeit im Jahr 1790 als Regierungssitz gegründet. D.C. steht für *District of Columbia*, ein eigenständiges Gebiet, das zu keinem der 50 Bundesstaaten der USA gehört und zur dauerhaften Hauptstadt bestimmt wurde. Die Denkmäler in Washington wie das Lincoln Memorial sind im griechisch-römischen Stil erbaut, weil die Gründerväter der USA von der Antike stark beeindruckt waren. Das Lincoln Memorial wurde zu Ehren des 16. Präsidenten der USA, Abraham Lincoln (1809–1865), errichtet.

HANDELSBEZIEHUNGEN

Vor über 2000 Jahren erstreckte sich ein Netz von Handelswegen, das unter dem Namen Seidenstraße bekannt ist, von China bis in den Westen Asiens und nach Europa. Entlang dieser Routen brachten Händler Tee, Seide, Gewürze und andere wertvolle Waren von Stadt zu Stadt. Auf den geschäftigen Märkten der Städte wurden die Waren gehandelt. Einige Städte, die an den Knotenpunkten der verschiedenen Routen lagen, wurden dadurch sehr reich, z. B. Samarkand in Usbekistan, das im zentralen Teil der Seidenstraße lag.

DURCHGANGSVERKEHR

Die Stadt Bremen an der Weser (Deutschland) war im Mittelalter ein wichtiges Handelszentrum. Im 19. Jh. begann der Fluss zu versanden, sodass die großen Schiffe die Stadt nicht mehr erreichen konnten. Daher wurde 60 km flussabwärts an der Mündung der Weser in die Nordsee Bremerhaven erbaut. Schon um 1850 gab es so starken Durchgangsverkehr von Waren und auch Menschen, die nach Nordamerika auswanderten, dass Bremerhaven zu einer wohlhabenden Stadt angewachsen war. Der Hafen ist auch heute noch Bremerhavens wichtigster Wirtschaftsfaktor. Jedes Jahr werden dort Tausende von Containerschiffen abgefertigt.

DIAMANTENFIEBER

Wenn wertvolle Minerale wie Diamanten oder Gold entdeckt werden, entwickeln sich oft auch in entlegenen Regionen plötzlich große Städte. Schürfer, Bergbauarbeiter und Händler wollen ihr Glück versuchen und bieten so auch anderen Menschen Arbeitsmöglichkeiten. Die Stadt Kimberley (Südafrika) entstand zwischen 1860 und 1870 rund um die Diamantenminen.

VON GRUND AUF NEU

Manchmal ist es leichter, eine neue Stadt zu errichten, als eine alte zu modernisieren. Shenzhen (Südchina) war ein kleines Fischerdorf im Delta des Perlflusses. 1979 wurde dieses Gebiet nördlich von Hongkong für ein Experiment ausgewählt. Durch eine Sonderwirtschaftszone mit einer neu aus dem Boden gestampften Stadt sollten internationale Investoren angelockt werden. Heute ist Shenzhen ein boomendes Wirtschafts-, Finanz- und Industriezentrum mit modernen Wolkenkratzern und einem Hafen am Südchinesischen Meer. Über 8 Mio. Menschen aus ganz China strömten bisher in die Stadt und ihre Umgebung, um dort zu arbeiten.

Turmkran für den Bau von Hochhäusern

Kamele tragen Waren über den Hindukusch in Afghanistan. Das Gebirge war einst Teil der Seidenstraße.

Türme und Kuppeln

Zeremonielle Hellebarde

Nicht alle großen Städte wurden wegen des Handels, der Politik oder der günstigen Lage gegründet. Es gibt auch Städte mit ehrwürdigen Universitäten und Bibliotheken, die für ihre Gelehrsamkeit berühmt sind und seit Jahrhunderten Forscher und Studenten anziehen. Oft sind Städte auch religiöse Zentren. Seit dem Mittelalter entstanden in den europäischen Städten des Christentums große Kathedralen aus Stein mit hohen Türmen oder mächtigen Kuppeln. Der Bau zog sich manchmal über Hunderte von Jahren hin. In anderen Teilen der Welt wurden zur gleichen Zeit Tempel, Moscheen, Synagogen und andere religiöse Bauwerke errichtet. Wallfahrtsstädte ziehen viele Pilger an – Reisende, die zu einem bestimmten heiligen Ort kommen, um dort zu beten oder auf ein Wunder zu hoffen.

Schweizergardist im Vatikan

VATIKANSTADT

Dieser unabhängige Stadtstaat ist der kleinste Staat der Welt. Er liegt mitten in der italienischen Hauptstadt Rom und hat nur etwa 700 Einwohner. Der Vatikan ist das Zentrum der römisch-katholischen Kirche. Dort steht auch die riesige Basilika St. Peter, auch Petersdom genannt.

AUF NACH MEKKA

Der Hadsch, die Pilgerfahrt nach Mekka, ist eine der Grundpflichten der Muslime. Jedes Jahr wird die Geburtsstadt des Propheten Mohammed von rund 2,5 Mio. Pilgern aus aller Welt besucht. Siebenmal umrunden sie die Kaaba, die heiligste Stätte des Islam. Durch den Hadsch entwickelte sich Mekka (Saudi-Arabien) zu einer großen Stadt, in der heute etwa 1,5 Mio. Einwohner leben. Nicht-Muslimen ist es nicht erlaubt, die Stadt zu betreten.

Bibliothek des Lincoln College

Radcliffe Camera, Teil der Bodleian-Bibliothek

Skyline von Oxford

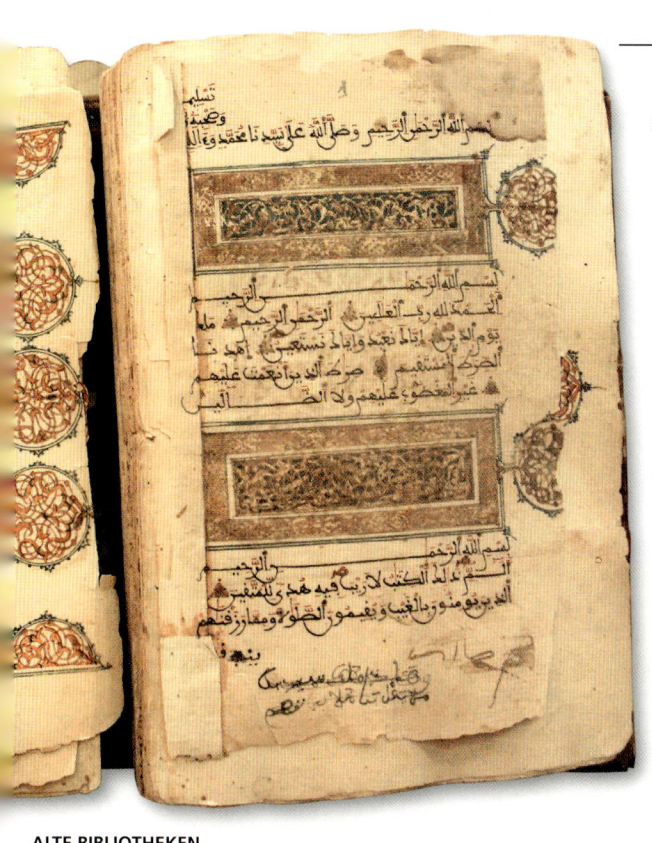

DIE STADT DER SIKHS

Ein Sikh badet im Nektarteich vor dem Harmandir Sahib, dem Goldenen Tempel in Amritsar. Das 1577 im Bundesstaat Punjab (Indien) gegründete Amritsar ist für gläubige Sikhs eine heilige Stadt. Sie wurde nach dem Teich benannt, der Amrit Sarovar heißt. Etwa drei Viertel der 1,5 Mio. Einwohner der Stadt sind Sikhs. Die Gemeinschaftsküche im Goldenen Tempel versorgt täglich rund 10 000 Pilger mit kostenlosem Essen.

Manuskript aus Timbuktu

ALTE BIBLIOTHEKEN

Händler verbreiteten auch die Religionen entlang der Handelsrouten. Wo ein religiöser Glaube Wurzeln schlug, folgten meist Schulen und Universitäten. Die Oasenstadt Timbuktu (Mali) in der Sahara wurde im Mittelalter gegründet. Händler brachten Salz, Gold, Elfenbein, Sklaven und schließlich den Islam dorthin. Bald standen zwischen den Lehmhäusern auch Moscheen, eine Universität und Bibliotheken. Das Ahmed-Baba-Institut beherbergt eine Sammlung von 30 000 Manuskripten.

GEBETE IN JERUSALEM

Das alte Jerusalem ist die Heilige Stadt der Juden, Muslime und Christen. Viele Juden kommen, um an der Klagemauer (links) zu beten. Sie ist ein Teil des Tempels, den Herodes der Große um 19 v. Chr. erbauen ließ und der 70 n. Chr. von den Römern zerstört wurde. Muslime beten in der al-Aqsa Moschee. Der glänzende Felsendom (Hintergrund) wurde 692 n. Chr. fertiggestellt und ist damit das älteste noch existierende islamische Gebaude der Welt. Eine der heiligsten Pilgerstatten für Christen ist die Kirche zum Heiligen Grab (Grabeskirche).

TRÄUMENDE TÜRME

Oxford (England) ist seit über 900 Jahren eins der bedeutendsten Wissenschafts- und Forschungszentren der Welt. Die Universität Oxford umfasst 38 Colleges. Wegen der Universität wurden hier im Lauf der Jahrhunderte zahlreiche Museen, Theater, Bibliotheken und Kirchen erbaut. Der Dichter Matthew Arnold bezeichnete Oxford als die „Stadt der träumenden Türme". Es gibt aber auch eigene Geschäfts- und Industrieviertel.

Christchurch College

Kirche St. Mary

All Souls College

EWIGES ROM

Rom war die mächtige Hauptstadt des Römischen Reichs. Die römische Kultur war jahrhundertelang in weiten Teilen Europas verbreitet. Zwar brach das Imperium auseinander, doch als sich das Christentum immer weiter ausbreitete, wurde Rom das Zentrum der katholischen Kirche. Das am besten erhaltene antike Gebäude Roms, das Pantheon, war ursprünglich ein Tempel für alle römischen Götter. Ebenso wie die Stadt wechselte es häufig den Besitzer. Kaiser Hadrian ließ es 125 n. Chr. nach einem Brand wieder aufbauen, Papst Bonifatius IV. verwandelte es 609 n. Chr. in eine christliche Kirche.

Ewige Städte

Manche Städte werden verlassen und verfallen, andere bleiben dagegen über Jahrtausende hinweg bewohnt und bedeutend. Die italienische Hauptstadt Rom wird häufig als die Ewige Stadt bezeichnet. Schon die alten Römer glaubten, dass ihre Stadt die Zeiten überdauern werde, und tatsächlich steht Rom mit seinen knapp 3 Millionen Einwohnern immer noch in voller Blüte. Städte wie Rom überleben, weil sie sich laufend weiterentwickeln. Neue Eroberer bringen neue Sitten und Religionen mit sich. Städte, die entlang einer Handelsstraße erbaut wurden, passen sich immer wieder an neue Bewohner und Waren an. Viele alte Städte haben eine starke religiöse Bedeutung. Ihre Fortdauer wird durch die Pilger garantiert, die sie laufend besuchen.

GESICHT AUS DER VERGANGENHEIT

Jericho, eine Stadt in der Region Palästina, wurde in ihrer Geschichte von vielen Herrschern erobert, darunter Assyrer, Juden, Perser, Griechen und Araber. Jericho ist eine der ältesten heute noch bewohnten Siedlungen – die ersten Menschen ließen sich vor über 11 000 Jahren an diesem Ort nahe des Jordan nieder. Dieser mit Gips ausgefüllte und bemalte Schädel stammt aus der Zeit vor 7000 v. Chr.

Kaurimuschel aus dem Roten Meer

Mit Gips ausgefüllter Schädel aus dem alten Jericho

MIT TEE BESIEGELT

In der syrischen Hauptstadt Damaskus bieten Händler beim Feilschen auf dem Souk, wie der Markt hier genannt wird, oft schwarzen Tee aus solchen wunderschönen Kannen an. Die Fäden des weiträumigen Netzes von Handelsrouten, das unter dem Namen Seidenstraße bekannt war (S. 10), liefen in Damaskus zusammen, sodass sich das Leben hier schon immer um den Handel drehte. Damaskus war den Ägyptern schon um 1400 v. Chr. bekannt. Um 600 n. Chr. wurde es eine der wichtigsten Städte des Islam. Damaskus ist seit 5000 Jahren ständig bewohnt und damit die älteste Hauptstadt der Welt.

Teeverkäufer in Damaskus

EINE STADT, VIELE ANSICHTEN

Xi'an war ab dem 11. Jh. v. Chr. 2000 Jahre lang fast ununterbrochen die Hauptstadt Chinas und eine der größten Städte der Welt. Im 10. Jh. n. Chr. wurde Xi'an durch blutige Aufstände verwüstet. Dieser Glockenturm im Zentrum der Stadt, ein großer traditioneller Wachturm, wurde 1384 n. Chr. erbaut, als Xi'an große militärische Bedeutung hatte. Die große Eisenglocke schlägt die Stunden. Heute ist Xi'an eine moderne Industriestadt, aber die Vergangenheit ist weiterhin präsent. In der Nähe wurde das Grab des ersten Kaisers, Qin Shi Huangdi, gefunden, das aus dem Jahr 210 v. Chr. stammt.

DIE STADT DES LICHTS

Einer hinduistischen Legende zufolge gründete Gott Shiva die Stadt Varanasi (Indien) vor über 5000 Jahren. Die Stadt am Ufer des Ganges, der große religiöse Bedeutung besitzt, zieht jedes Jahr Millionen von Pilgern an. Die Hindus kommen in die heilige Stadt, um in den heiligen Fluten des Ganges zu baden und in den Tempeln zu beten. Viele wollen auch an der Universität studieren oder die bunten Seidenstoffe kaufen, für die Varanasi berühmt ist.

URALTES WELTWUNDER

Diese riesigen Steinpyramiden wurden vor über 4500 Jahren bei Memphis, der Hauptstadt des alten Ägypten, von Tausenden von Arbeitern als Gräber der Pharaonen errichtet. Die Pyramiden stehen noch, doch die Stadt Memphis ist verfallen. An ihre Stelle ist das etwas weiter nördlich gelegene Kairo getreten. Kairo ist mit rund 17 Mio. Einwohnern heute die größte Stadt Afrikas. Die Pyramiden stehen in Giseh, das am Stadtrand von Kairo liegt.

Vergessene Städte

Viele Städte sind im Lauf der Geschichte einfach von der Bildfläche verschwunden. Selbst wenn sie einst mächtig und berühmt waren, gerieten sie in Vergessenheit und nur wenige erinnern sich noch an ihren Namen. Von einigen Städten kennt man nicht einmal den genauen Standort, denn sie sind unter Sand begraben oder vom Urwald überwuchert. Städte wurden durch Erdbeben und Vulkanausbrüche, durch Kriege oder Feuer zerstört. Klimaveränderungen mit Dürren oder Überflutungen, ein neuer Flussverlauf oder ein verlandender Hafen – das alles kann dazu führen, dass Städte aufgegeben werden. Für Archäologen, Entdecker und Historiker ist die Suche nach ihnen sehr aufregend.

DIE ROSAROTE STADT

Die Felsenstadt Petra (im heutigen Jordanien) wurde aus roten Sandsteinfelsen gemeißelt. Ab 312 v. Chr. war sie die Hauptstadt der Nabatäer. Später wurde sie von den Römern beherrscht. Petra lebte vom Karawanenverkehr in der Arabischen Wüste, der zurückging, als immer mehr Waren über das Meer transportiert wurden. Nach Erdbeben lag die Stadt in Trümmern und wurde vom Sand begraben. Erst der schweizerische Forscher Johann Ludwig Burckhardt entdeckte sie im Jahr 1812 wieder.

Gipsfigur aus Pompeji

Werbeplakat von 1931 für abenteuerliche Studienreisen nach Angkor

WIE GEWONNEN, SO ZERRONNEN

Der Perserkönig Darius I., der Große, herrschte über ein riesiges Reich, das sich von Ägypten bis Indien erstreckte. Um 520 v. Chr. gründete er eine neue Hauptstadt mit großen Palästen und Schatzkammern, die er Parsa (Persepolis) nannte. Sein Sohn Xerxes I. baute sie großzügig aus. Auf den Ruinen der Ratshalle ist eine Prozession der Vertreter eroberter Länder dargestellt. Alexander der Große eroberte und plünderte die Stadt 330 v. Chr. Anschließend wurde sie durch ein Feuer zerstört.

Reliefskulptur eines Beamten mit Geschenken für den König

GEHEIMNIS IM DSCHUNGEL

Der französische Naturforscher Henri Mouhot drang 1860 nach Angkor (Kambodscha) vor. Die unter Ranken und Wurzeln begrabenen Gebäude faszinierten ihn sofort. Angkor Wat stammt aus der Blütezeit des Khmer-Reichs um 1100 n. Chr. Der Tempel bildete das Zentrum einer 400 km² großen Anlage aus mehreren Städten und unzähligen Tempeln. Angkor Wat (der „Stadttempel") ist eine der eindrucksvollsten religiösen Stätten der Welt.

LEBENDIG BEGRABEN

Im Jahr 79 n. Chr. brach in Italien der Vulkan Vesuv aus (S. 60) und begrub die Stadt Pompeji unter seiner Asche. Dabei erstickten Tausende von Menschen. Im 18. Jh. begannen Raubgräber und Archäologen, die Stadt auszugraben. In der zusammengepressten Asche fanden sie Hohlräume, die menschliche Körper hinterlassen hatten. Rund 100 Jahre später füllten Wissenschaftler die Hohlräume mit Gips auf und erhielten so Abgüsse von den Toten.

MAUERN AUS STEIN

Der Name des Staats Simbabwe stammt von der afrikanischen Ruinenstätte Groß-Simbabwe. Die Königsstadt bedeckte knapp 7,5 km² und war von bis zu 11 m hohen Granitmauern umgeben. Sie war ab 1270 fast 300 Jahre lang bewohnt. Die Einwohner handelten mit Vieh, Elfenbein und Gold. Auf dieser Münze ist einer der acht in Stein gemeißelten Vögel abgebildet, die dort gefunden wurden.

NACH DEM AUSBRUCH
Dieses Satellitenbild zeigt die Inselgruppe
Santorin (Griechenland) in der Ägäis.
Früher bildete sie eine einzige Insel, doch
ein Vulkanausbruch in ihrem Zentrum riss
sie vor über 3500 Jahren auseinander.
Ausgrabungen auf der größten Insel Thera
förderten Ruinen einer früheren Handelsstadt
mit Straßen, Wasserleitungen und herrlichen
Wandmalereien zutage.

DIE ZUKUNFT ALS ALPTRAUM
Könnte der Klimawandel
die heutigen Städte zer-
stören? Dieses Bild aus dem
Science-Fiction-Film *The Day
after Tomorrow* (2004) zeigt
New York in einer neuen Eiszeit.
Los Angeles wird in dem Film
von Tornados zerstört und Neu
Delhi versinkt im Schnee. Diese
Darstellungen sind zwar über-
trieben, aber der Gedanke, wie
zukünftige Archäologen wohl
unsere heutigen Städte vorfinden
werden, ist durchaus interessant.

Stadtmauern

Die ersten Städte waren von hohen Mauern und Türmen umgeben, die die Einwohner vor Angriffen schützten. In Kriegszeiten suchte auch die Landbevölkerung aus der Umgebung Schutz hinter den Stadtmauern. Festungen wurden oft auf Hügeln erbaut, denn dort waren sie gut zu verteidigen und boten eine freie Sicht. Im mittelalterlichen Europa bildeten sich viele Städte innerhalb von Burgmauern. So konnten die Herrscher kontrollieren, wer die Stadt betrat und verließ. Aufständische oder Verbrecher wurden von den Wachsoldaten festgenommen, fahrende Kaufleute mussten Steuern bezahlen. Im 19. Jahrhundert wuchsen viele Städte über ihre Mauern hinaus und durch neue Waffensysteme verloren die Mauern ihre Bedeutung als Schutzwall.

Ein Katapult, das mit Muskelkraft betrieben wurde

Schlinge für das Geschoss

Wird an den Seilen gezogen, schwingt der Arm nach oben.

MEHRERE MAUERRINGE

Carcassonne, auf einem Hügel im Südwesten Frankreichs erbaut, wurde zuerst von den Kelten und später von den Römern befestigt. Trotzdem wurde die beeindruckende Festungsstadt während der Religionskriege im 13. Jh. zweimal erobert. Danach wurde unterhalb der Stadtmauern für die Einwohner eine größere „Unterstadt" erbaut. Der Wall aus zwei Mauern ,wurde im 19. Jh. erneuert. Touristen bewundern heute die malerischen befestigten Städte und Burgen aus dem Mittelalter und vergessen dabei, dass sie aus der Furcht der Stadtbewohner vor Gewalt entstanden.

STADTTORE

Mit ihren Mauern, Türmen und Toren wollten die Städte oft Macht und Reichtum demonstrieren. Im alten Mesopotamien (heute Irak) spielten manche Tore auch eine wichtige Rolle bei religiösen Zeremonien. Das Bild zeigt das Ischtar-Tor, eine Rekonstruktion des Stadttors von Babylon um 575 v. Chr. Die blau glasierten Ziegel sind mit Reliefs von Stieren und Drachen bedeckt. Religiöse Prozessionen zu Ehren der Göttin Ischtar passierten das Tor auf dem Weg zum Tempel des Gotts Marduk.

Der schwere Holzrahmen dient der Stabilität.

Die Türme von San Gimignano

MITTELALTERLICHE WOLKENKRATZER

Burgen haben Türme, weil sie gut zu verteidigen sind und eine weite Sicht ermöglichen. Kirchtürme sollen dem Himmel entgegenstreben. Im Mittelalter bauten reiche Familien in Italien ebenfalls hohe Wohntürme, um ihre Nachbarn zu beeindrucken. In San Gimignano in der Toskana gab es 72 dieser Geschlechtertürme. 14 von ihnen stehen heute noch. Sie sehen aus wie Wolkenkratzer.

Äußere
Stadtmauer

Innere
Stadtmauer

Einer der 53 Vertei-
digungstürme

Dieses Ende wird
mit Seilen zu
Boden gezogen.

FEINDE MÜSSEN DRAUSSEN BLEIBEN

Kanonen und Schießpulver verlangten neue
Verteidigungsanlagen. Das Bild zeigt den sternförmigen
Grundriss der Stadt Neuf-Brisach (Frankreich). Sie wurde
von 1697 bis 1706 von dem Militäringenieur Marquis
de Vauban errichtet und gilt als perfekte Festungsstadt. Die Gebäude im Zentrum des Achtecks waren
in einem gitterförmigen Straßennetz angelegt. Rundum
waren sie von vorspringenden Verteidigungsanlagen, den
Bastionen, umgeben. Alle Winkel waren so berechnet,
dass sie die bestmögliche Verteidigung boten.

BELAGERUNGSWAFFEN

Im Altertum und Mittelalter wurden die
befestigten Städte manchmal von Feinden
umringt und so von der Versorgung abge-
schnitten. Die Bewohner mussten hungern
oder sich ergeben. Man nennt diese Taktik
Belagerung. Der Feind versuchte, über
die Mauern zu klettern oder sie zu unter-
graben und zum Einsturz zu bringen. Mit
Rammböcken wurden Mauern und Tore
attackiert. Solche Holzkatapulte nennt
man auch Trebuchets. Die Soldaten
zogen fest an den Seilen an einem
Ende, um einen schweren Stein aus
der Schlinge am anderen Ende
entweder gegen oder über die
Stadtmauern zu schleudern.

Stadt

Außenbastion

DER FALL DER BERLINER MAUER

Deutsche Demonstranten jubelten, als 1989 die
Berliner Mauer fiel. Das Ereignis wird in Berlin heute
noch gefeiert. Seit 1961 trennte die Mauer aus Beton
und Stacheldraht das sozialistische Ostberlin vom
demokratischen Westberlin, riss Familien entzwei und
setzte der Möglichkeit, sich frei zu bewegen, ein Ende.
Viele Ostdeutsche wurden bei Fluchtversuchen getötet.
Auch in anderen Städten wie Belfast und Jerusalem
wurden wegen der dortigen Konflikte Mauern errichtet.
Heutige Stadtmauern sollen v. a. die Bewegungsfreiheit
einschränken oder umstrittene Gebiete sichern.

Handel und Industrie

Städte waren von jeher Zentren des Gewerbes, in denen Waren hergestellt wurden. Bis ins 19. Jahrhundert hinein lebten noch 97 % der Weltbevölkerung als Bauern auf dem Land. Die industrielle Revolution von 1770 bis 1850, ausgelöst durch die Nutzung der Dampfkraft, veränderte diese Situation grundlegend. Töpferwaren, Stoffe und andere Waren, die Handwerker zuvor eigenhändig hergestellt hatten, wurden nun in großer Zahl in Fabriken produziert. Arbeiter bevölkerten die Städte, die sich in einen Wald von Schornsteinen verwandelten. Die Revolution war 1850 nicht zu Ende: Wellen von neuen Industriezweigen lassen in allen Teilen der Welt die Städte rapide wachsen.

Vorder- und Rückseite eines Goldflorins

DER SIEGESZUG DES GELDES

Im 12. Jh. lag der Reichtum Europas in den Händen mächtiger Adliger, denen Grund und Boden gehörten – und damit auch die Städte. Die gesamte Wirtschaft diente nur ihrem Wohl. Im 14. und 15. Jh. bildete sich in den Städten das Bankwesen auf der Grundlage von Geld. Privatbankiers wurden reich, sogar Könige liehen Geld von ihnen – ein erstes Zeichen, dass die Städte die königliche Macht bedrohten. Ein wichtiges Finanzzentrum war Florenz (Italien). Von dieser Stadt hat der Florin, der von 1252 bis 1523 in Europa in Umlauf war, seinen Namen.

QUALMENDE SCHORNSTEINE

Ende des 18. Jh. erfanden britische Ingenieure wirkungsvolle Dampfmaschinen, mit denen sich Fabriken betreiben, Wasser aus Bergwerken pumpen und Züge antreiben ließen. Tuchfabriken wurden zuvor von Flusswasser angetrieben. Nun konnten die Eigentümer mehrere Fabriken an einem Standort zusammenlegen, an dem es viele Arbeiter gab. So entstanden die ersten Industriestädte wie Manchester (England) und Glasgow (Schottland). Dieser Prozess breitete sich von Großbritannien über Belgien, Deutschland und die USA über die ganze Welt aus. Die neuen Fabriken produzierten große Warenmengen in kurzer Zeit.

HANDWERKER IM MITTELALTER

Vor der industriellen Revolution waren die Herstellungsbetriebe in den Städten klein. Die einzigen Antriebskräfte waren Wind, Wasser und Zugtiere. In Europa hatten sich die Handwerker im Mittelalter zu Zünften zusammengeschlossen. So konnten sie ihre Rechte als ausgebildete Fachkräfte, z. B. als Steinmetz, Tuchmacher, Bäcker oder Zimmermann, schützen. Die Zünfte bestimmten Preise und Qualitätsstandards. Als sie reich und mächtig wurden, garantierte ihr Einfluss den Mitgliedern ein hohes Ansehen.

Zeichen einer holländischen Handwerkerzunft

Illustration einer Fabrik aus dem 19. Jh. in Sheffield (England)

WENTWORTH WORKS

Schornsteinfegerjunge

HARTE ZEITEN
Landmaschinen veränderten auch die Arbeitsweise auf dem Land, sodass viele Bauern arbeitslos wurden. Sie zogen in die Städte, um in der Industrie Arbeit zu finden, und lösten so die erste große Verstädterungswelle aus (S. 6–7). Bei diesem Überfluss an Arbeitskräften konnten die Arbeitgeber sehr niedrige Löhne bezahlen, besonders den Kindern, die lange Arbeitszeiten hatten und oft gefährliche Tätigkeiten wie das Kaminkehren verrichteten. Schmutz, Übervölkerung und mangelnde Hygiene begünstigten Krankheiten wie die Cholera. Staatliche Kampagnen und Proteste führten später zu gesünderen Lebensbedingungen.

Der Roboterarm hebt das Auto für den wartenden Kunden herunter.

COMPUTER-BOOM
Um 1970 löste die Elektronikindustrie eine neue Wachstumswelle aus. Rund um San José im Santa Clara Valley (Kalifornien, USA) wurden Computerfirmen gegründet. Die Region wurde unter dem Namen Silicon Valley berühmt, da die Mikroprozessoren der Computer aus Silizium (engl. *silicon*) bestehen. Neue Arbeitsplätze entstanden und viele Menschen zogen dorthin. Da sie jedoch alle Autos besitzen, verteilen sie sich auf eine ganze Reihe von weitläufigen Siedlungen.

Computerplatinen

AUTOSTÄDTE
Im 20. Jh. entwickelten sich neue Industriezweige und Arbeitsmethoden. 1913 führte die US-amerikanische Ford Motor Company als erste Firma die Fließbandproduktion ein. Die Autos liefen auf dem Band an den Arbeitern vorbei und jeder hatte drei Minuten Zeit, um seine Aufgabe auszuführen. Schon bald führte die Autoindustrie in Städten wie Detroit (Michigan, USA) – auch „Motor City" oder „Motown" genannt – zu einem Wirtschaftsboom. Städte wie Dearborn (Michigan, USA) und Wolfsburg (Deutschland) wurden speziell für die Autoindustrie gebaut. In Wolfsburg gibt es ein Besucherzentrum mit zwei Glastürmen, in denen auf 20 Ebenen 400 Neuwagen stehen. Dort können die Kunden ihren neuen Volkswagen abholen. Die Fahrzeuge werden von Robotern herausgehoben.

Gummihandschuhe in einer Fabrik in Malaysia

DIE REVOLUTION GEHT WEITER
Viele Länder wie Malaysia blieben lange Zeit relativ arm, weil die Industrieländer nur ihre Rohstoffe kauften, z. B. Kautschuk für die Gummi-Industrie. Um 1970 begann die Industrialisierung in Malaysia mit dem Bau von Fabriken, die aus den Rohstoffen selbst Handschuhe herstellten und verkauften. Auch hier führte die Industrialisierung zu mehr Wohlstand und zum Städtewachstum. Die Region Klang rund um die Hauptstadt Kuala Lumpur ist heute ein Ballungszentrum mit 6 Mio. Einwohnern. Das Unternehmen, zu dem diese Fabrik bei Klang gehört, ist der größte Gummihandschuhproduzent der Welt. Malaysia exportiert inzwischen Fahrzeuge, Elektronik und Textilien und ist eine der führenden Volkswirtschaften in Südostasien.

Städte im Krieg

In Kriegen und Konflikten sind Städte wichtige militärische Ziele. Die Kontrolle über eine Stadt bringt häufig politische Macht und Reichtum. Manchmal ist die Zerstörung einer feindlichen Stadt sogar entscheidend für den Sieg. Im Jahr 146 v. Chr. plünderten und brandschatzten die Römer die Stadt Karthago in Nordafrika und machten sie dem Erdboden gleich. Danach schafften es die Karthager nie mehr, ihre alte Stärke zurückzugewinnen. Auf dem Schlachtfeld verlieren die kämpfenden Soldaten ihr Leben, wenn dagegen eine Stadt angegriffen wird, kann jeder Bewohner – auch Kinder und Alte – sterben oder schwer verletzt werden. Bei mittelalterlichen Belagerungen verhungerten viele Leute. Wer sich zur Wehr setzte, wurde niedergemetzelt, sobald die Stadt eingenommen war. Im 20. Jahrhundert überzogen dann Flugzeuge und schwere Geschütze die Städte mit Bomben und Granaten. Sie zerstörten Gebäude und forderten Tausende von Todesopfern.

BELAGERUNG

Dieses Gemälde aus dem 15. Jh. zeigt die Belagerung von Antiochia (Syrien) von 1097 bis 1098. Christliche Heere versuchten, die von muslimischen Türken beherrschte Stadt einzunehmen. Dabei verhungerten zahlreiche Menschen und es wurde viel Blut vergossen. Die deutsche Belagerung von Leningrad (heute Sankt Petersburg) im Zweiten Weltkrieg (1939–1945) von 1941 bis 1944 hatte die bisher wohl schrecklichsten Folgen. Damals verhungerten oder erfroren fast 1 Mio. Einwohner.

VOLKSAUFSTAND

Bei Aufständen oder Bürgerkriegen wird häufig in den Städten gekämpft. 1871 rief der Stadtrat von Paris eine unabhängige, demokratische Regierung aus, die als Pariser Kommune in die Geschichte einging. Es war der revolutionäre Versuch, den Arbeitern und den Frauen mehr Rechte zu übertragen. Die Anhänger kämpften in Straßenschlachten gegen die Truppen der französischen Regierung. Nach dem Sieg der Regierung wurden Zehntausende Mitglieder der Kommune hingerichtet, ins Gefängnis gesperrt oder ausgewiesen.

Orden der Pariser Kommune

PLÜNDERUNG

Im Jahr 1897 fiel ein militärisches Einsatzkommando aus Großbritannien in das westafrikanische Königreich Benin (im heutigen Nigeria) ein. Trotz massiven Widerstands wurde Benin City zerstört und geplündert. Etwa 2500 Kunstwerke – viele von hohem religiösem und historischem Wert für Benin – wurden nach Europa gebracht und an Museen und Sammler verkauft, darunter auch dieser Bronzekopf aus der Mitte des 19. Jh., der aus einem Schrein des Palasts des *Oba* (Königs) von Benin stammt.

Kopfputz aus Korallen und Achat

Breiter Halsschmuck aus Korallenperlen

LUFTANGRIFF
Acht Jahre nach dem ersten motorisierten Flug 1903 setzten die Italiener erstmals im Krieg gegen die Türkei Flugzeuge ein. Im Zweiten Weltkrieg fielen Bomben auf viele Städte, darunter London, Rotterdam, Berlin und Dresden. Sie brachten Zerstörung und Tod. Diese Flying-Fortress-Bomber der US-Luftwaffe warfen im Dezember 1944 Bomben auf eine deutsche Industriestadt ab.

GEDENKEN AN HIROSHIMA
Im August 1945 warfen US-amerikanische Flugzeuge Atombomben über den Städten Hiroshima und Nagasaki (Japan) ab und zerstörten sie damit augenblicklich. Zehntausende von Zivilisten kamen sofort in einem blendenden Licht- und Feuerblitz um. Viele weitere starben in den folgenden Jahren auf qualvolle Weise an der radioaktiven Verstrahlung. Der „Atombombendom", eines der wenigen stehen gebliebenen Gebäude, blieb in Hiroshima als Friedensdenkmal erhalten.

SOLDATEN AUF DER STRASSE
US-Marinesoldaten patrouillieren 1993 bei einem Konflikt zwischen US-Truppen und somalischen Milizen in den Straßen von Mogadischu (Somalia). Im Krieg stehen sich in Städten oft Kämpfer und Berufssoldaten gegenüber, die mit Gewehren, Panzern, gepanzerten Truppenfahrzeugen, raketengetriebenen Granaten, Bomben und Tränengas bewaffnet sind. Dabei werden oft die Grundnahrungsmittel knapp und die Notärzte können nicht zu den Opfern durchdringen. Bei Hinterhalten, Straßenkämpfen und Überfällen sind auch unschuldige Zivilisten in großer Gefahr.

Der South Tower (Südturm) Sekunden nach dem Aufprall des Flugzeugs

TERROR IN NEW YORK
Am 11. September 2001 steuerten Terroristen entführte Flugzeuge in die beiden Türme des World Trade Centers in New York. Bei diesem schrecklichen Anschlag starben rund 2600 Menschen. An diesem Tag gab es in den USA noch mehr Angriffe. Wenn Einzelne, Gruppen oder Staaten durch Angst und Schrecken politische Veränderungen erzwingen wollen, nennt man dies Terrorismus. Wolkenkratzer, öffentliche Verkehrssysteme und belebte Plätze in Städten sind besonders gefährdete Ziele.

Bezirke und Viertel

Wie die Teile eines riesigen Puzzles greifen die verschiedenen Bezirke einer Stadt ineinander. Das Stadtzentrum besteht meist aus dem Regierungsviertel, einem Finanz- und Wirtschaftsbezirk sowie Einkaufs- und Amüsiervierteln. Viele Städte haben eine historische Altstadt wie das Gotische Viertel in Barcelona (Spanien) oder das Vieux-Montréal, das älteste Viertel in Montreal (Kanada). Die verschiedenen Wohnviertel unterscheiden sich oft durch den Baustil oder die finanzielle Situation der Bewohner. Einige sind gerade angesagt, andere sind heruntergekommen. Manche Vororte werden neu gebaut, um Wohnraum für Arbeitskräfte zu schaffen, andere sind gewachsene, alte Gemeinden, die von der Großstadt aufgesogen wurden. Früher wurden Fabriken mitten im Zentrum errichtet, heute dagegen werden sie in der Regel am Stadtrand angesiedelt.

HISTORISCHES HERZ
Chandni Chowk ist ein geschäftiger Handelsbezirk in der ummauerten Altstadt von Alt-Delhi im Herzen der indischen Hauptstadt. Sie wurde 1648 gegründet. Hier gibt es Märkte für alles, für Schmuck, Gewürze, Trockenobst oder Gebrauchsgegenstände. Neben den zahllosen Geschäften entlang der engen Gassen gibt es in dem Bezirk auch Wohnhäuser, Moscheen und Tempel.

AMP Tower

HÖHENUNTERSCHIEDE

Stadtteile können durch natürliche Landschaftsformen voneinander getrennt sein. San Francisco in Kalifornien (USA) erstreckt sich über 50 steile Hügel. Einige von ihnen sind noch durch die historischen Cable Cars verbunden, wie hier auf dem Russian Hill an der San Francisco Bay im Nordosten. Stadtteile können durch Hügel, Täler, Seen, Inseln oder Flüsse getrennt sein, sodass sie nur über Fähren, Brücken oder Tunnel zugänglich sind. Manchmal herrscht dort sogar ein ganz anderes Wetter als im Rest der Stadt.

WIRTSCHAFTLICHE ZENTREN

Das Stadtzentrum ist oft gleichzeitig das wirtschaftliche Zentrum mit den höchsten und außergewöhnlichsten Gebäuden der Stadt. Das kommt daher, dass die Grundstückspreise sehr hoch sind und sehr viele Menschen dort arbeiten. Der AMP Tower in Sydney (Australien) ist 305 m hoch und verzeichnet über 1 Mio. Besucher pro Jahr. Er überragt Sydneys Wirtschaftsbezirk (Central Business District, CBD) und den Küstenstrich, an dem Sydney 1788 von britischen Kolonisten gegründet wurde. Im CBD konzentrieren sich internationale Banken sowie Finanz- und Versicherungsgesellschaften. Auf der Hafenseite gegenüber liegen hauptsächlich Wohnviertel, in denen die Angestellten des CBD leben.

WILLKOMMEN IN CHINATOWN

Der Charakter eines Stadtviertels wird oft von der Herkunft der Bewohner bestimmt. Seit dem 19. Jh. ließen sich überall auf der Welt viele Chinesen nieder. Die Auswanderer waren meist Seeleute, Arbeiter oder Händler. Ihre Nachkommen leben immer noch in denselben Vierteln, den Chinatowns. Dort gibt es Chinarestaurants ebenso wie chinesische Lebensmittel-, Buch- und Kunstgewerbeläden. Chinesische Feste, die mit Löwentänzen, Böllern, Feuerwerk und scheppernden Gongs gefeiert werden, sind eine beliebte Touristenattraktion.

Das Wappen von Budapest mit den zwei Burgen von Buda und Pest

Chinesische Papierlaterne

ZUSAMMENGELEGTE STÄDTE

Die Teile einer modernen Großstadt waren früher manchmal selbstständige Städte, die im Lauf der Zeit zusammenwuchsen oder durch eine Verwaltungsreform vereinigt wurden. Die ungarische Hauptstadt Budapest besteht aus zwei ursprünglich getrennten Orten: Buda am Westufer der Donau und Pest an ihrem Ostufer. 1873 wurden die beiden formell vereinigt. In Deutschland wuchsen Berlin und Neukölln zusammen, in England dehnte sich London am Ufer der Themse immer weiter nach Westen aus und „verschluckte" schließlich Westminster.

SCHERE ZWISCHEN ARM UND REICH

Die deutlichsten Unterschiede bestehen in der Regel zwischen armen und reichen Stadtvierteln. Das moderne Stadtviertel Makati in Manila (Philippinen) bildet das Banken- und Finanzzentrum des Landes. Nicht weit entfernt von den Wolkenkratzern kämpfen jedoch arme Familien in engen, schmutzigen Hütten Tag für Tag ums Überleben. Solche Armenviertel oder Slums entstehen meist dort, wo noch Land verfügbar ist, oft in den Gebieten einer Stadt, in denen sonst niemand leben will.

Stadtansichten

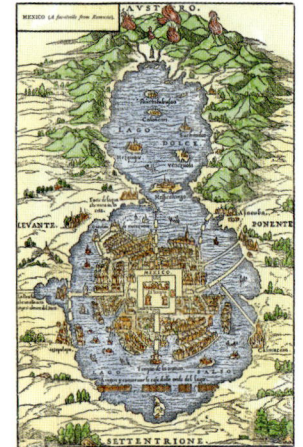

AZTEKISCHE STADTPLANER
Tenochtitlán wurde 1325 von den Azteken auf einer Insel in einem See gegründet. Heute befindet sich dort Mexiko-Stadt. Die Azteken teilten ihre Hauptstadt in vier Zonen ein. Dämme verbanden sie mit dem Land. Im seichten Wasser legten sie schwimmende Inseln an, auf denen sie Getreide und Gemüse anbauten. Die Spanier, die 1519 ins Land einfielen, staunten über die Paläste und Tempel.

Straßenschilder an einer Kreuzung in Manhattan, New York

Viele alte Städte entwickelten sich im Lauf der Jahrhunderte zu einem unübersichtlichen Straßenlabyrinth, das bis zum heutigen Tag unverändert blieb. Im Zentrum alter nordafrikanischer Städte liegt oft ein Gewirr aus engen Gassen, die sogenannte Medina. Andere Städte wurden jedoch sorgfältig geplant. Schon vor über 4000 Jahren wurden die Straßen der Städte im Tal des Indus (im heutigen Pakistan) in rechtwinkligem Grundriss angelegt. Städte unterscheiden sich also in ihrer Anlage, aber auch durch ihre Architektur, den Baustil. Dieser hängt wiederum von den kulturellen Traditionen, dem Klima und dem verfügbaren Baumaterial ab.

DER STERN VON PARIS
Zwölf breite Avenuen führen sternförmig vom Arc de Triomphe im Zentrum der französischen Hauptstadt Paris in alle Richtungen. Um 1850 wurden weite Teile der mittelalterlichen Stadt abgerissen, um Platz für eine großzügige Stadt mit neuen Wasser- und Abwasserleitungen, neuen Brücken und großen prächtigen Gebäuden zu schaffen. Geplant hat dies alles der Stadtplaner Georges-Eugène Haussmann (1809–1891). Die breiten Straßen sollten den Verkehr vereinfachen. Außerdem sollten sich die Truppen leichter durch die Stadt bewegen können. Das Ergebnis war das Paris, das wir heute kennen.

QUADRATE UND BLOCKS

Im 19. Jh. wurde es in den USA Mode, Städte in rechteckigem Grundriss zu planen. So auch in New York, wo die Straßenkreuzungen rechte Winkel bilden. Die Straßen ergeben ein Gitternetz, dessen Zwischenräume mit Häuserblocks ausgefüllt sind, in denen sich Büros, Läden und Wohnungen befinden. So wird der Grund am besten genutzt. An Straßennamen wie „East 42nd Street" erkennen Besucher leicht ihren Standort. Die Häuserblocks in Manhattan messen alle 80 mal 275 m. Die Kreuzungen behindern jedoch den Verkehr. Abgase verpesten die Luft.

VERTIKALE PLANUNG

Da Städte nicht nur in die Breite wachsen, ist die Planung in die Höhe ebenso wichtig wie die Flächenplanung. Diese hohen Wohnhäuser in Shibam, einer Wüstenstadt im Jemen, wurden zwischen 1553 und dem 19. Jh. erbaut. Die hohen Gebäude stehen eng beieinander, weil sie sich so besser gegen feindliche Stämme verteidigen ließen. Die Häuser bestehen aus getrockneten Lehmziegeln und sind fünf bis elf Stockwerke hoch.

VENEDIG, DIE STADT DER KANÄLE

Venedig (Italien) breitete sich zwischen dem 8. und 14. Jh. über mehrere Inseln in einer seichten Küstenlagune aus. Da für breite Straßen kein Platz war, bildete sich ein Labyrinth aus Gassen, Brücken und Kanälen. Die Gebäude gründen auf Holzpfeilern, die in den Schlamm getrieben wurden. Die Stadt ist heute noch so verwinkelt wie früher und die Kanäle sind und bleiben der beste Weg, um Waren zu transportieren.

PLÄNE FÜR DEN WIEDERAUFBAU

Städte, die im Krieg zerstört wurden, werden oft nach neuen Plänen wiederaufgebaut. Dieser Entwicklungsplan für Kabul, die Hauptstadt Afghanistans, wurde 2004 erstellt. Nach Jahrzehnten des Kriegs war die Stadt vollkommen zerstört und der andauernde Konflikt behindert den Wiederaufbau. Der Plan sieht die Erhaltung historischer Gebäude ebenso vor wie den Bau von Brücken und Straßen, Wasser- und Verkehrssystemen sowie Parks und Märkten.

- ■ Historische Gebäude
- ■ Krankenhäuser
- ■ Geschäftsviertel
- ■ Einfamilienhäuser
- ■ Wohnblocks
- ■ Grünflächen

In die Höhe

Hohe Gebäude gibt es seit über 7000 Jahren. Die Menschen in Asien und Afrika bauten im Altertum riesige Pyramiden und Tempel. In Nord- und Mittelamerika errichteten die Maya und Azteken ihre Städte rund um heilige Stufenpyramiden. Moderne Hochhäuser beeindrucken uns durch ihre schiere Höhe. Sie stehen meist in bester Lage in den Wirtschaftsbezirken im Stadtzentrum (S. 24–25). Neue Techniken bei der Herstellung von Eisen, Stahl und Glas sowie die Erfindung des Aufzugs ermöglichten ab der Mitte des 19. Jahrhunderts den Bau sehr hoher Gebäude. Als Chicago 1871 durch einen Brand zerstört wurde, hatten Architekten die Gelegenheit, neue Stahlgerüste für Hochhäuser zu testen. Das mit 828 m derzeit höchste Gebäude ist das Burj Khalifa in Dubai.

Schmalere höhere Stufe

Rekonstruierte Fassade mit Treppe

Massive untere Stufe

WARUM IN DIE HÖHE BAUEN?

Hochhäuser wie diese in der 6th Avenue von New York sollen Aufsehen erregen. Sie demonstrieren den Reichtum eines großen Unternehmens oder unterstreichen die wirtschaftliche Bedeutung einer Stadt. Die zentralen und repräsentativen Stadtviertel sind in der Stadt auch die begehrtesten und teuersten – so auch auf der Insel Manhattan in New York. Um den Platz besser zu nutzen und Geld zu sparen, lohnt es sich, in die Höhe zu bauen. Wolkenkratzer schaffen aber nicht immer eine angenehme Atmosphäre. Tiefe Betonschluchten erzeugen Schatten und die riesigen Gebäude können sehr einschüchternd wirken.

Die Zikkurat von Ur

DIE ERSTEN HOCHHÄUSER

Im Altertum wurden Städte im heutigen Irak, wie z. B. Ur, oft von riesigen Tempeln, den Zikkurats, überragt. In diesen monumentalen Ziegelbauten, die vor über 4000 Jahren erbaut wurden, sollten die Götter wohnen. Eine 91 m hohe, siebenstufige Zikkurat in Babylon bildet möglicherweise die Grundlage der Legende über den „Turmbau zu Babel". In der Bibel wird erzählt, dass die Menschen einen Turm bauen wollten, der bis zum Himmel reichte. Gott bestrafte sie für diesen ungebührlichen Ehrgeiz, indem er sie in verschiedenen Sprachen sprechen ließ, sodass sie sich gegenseitig nicht mehr verstehen konnten.

PIONIERE DER LÜFTE

Um 1930 wurden in New York viele Wolkenkratzer gebaut. Das Empire State Building erreichte 1931 eine Höhe von 381 m und löste damit das 319 m hohe Chrysler Building als höchstes Gebäude der Welt ab. Diese Bauarbeiter bauen 1932 das 70-stöckige RCA Building im Rockefeller Center, das heute als GE Building bekannt ist. Damals waren die Arbeiter weder gesichert noch trugen sie Helme, wie es heute Pflicht ist. Für sie war es völlig normal, ihre Mittagspause auf einem Stahlträger in 245 m Höhe zu verbringen.

WOHNSILOS

Ursprünglich wurden Hochhäuser als Bürogebäude genutzt. Ab der Mitte des 20. Jh. planten Architekten auch Wohnsiedlungen mit Hochhäusern wie hier in Deutschland. Manchmal waren diese neuen Wohnungen jedoch billig und schlecht geplant. Die Fertigbetonteile wurden schnell marode. Kinder hatten kaum Platz zum Spielen, Geschäfte waren zu weit weg und ältere Menschen blieben oft allein, wenn sie nicht mehr gut Treppen steigen konnten.

Petronas Towers,
Kuala Lumpur, Malaysia

Getäude: 452 m

Fundament: 120 m

15 m tiefe Keller
und Parkhäuser

4,5 m dicke
Fundamentplatte
aus Stahlbeton

DIE WINDIGE STADT

Hochhäuser müssen mit den umliegenden Gebäuden harmonieren. Sie sollen weder den Lichteinfall behindern noch Luftturbulenzen verursachen. Es gibt verschiedene Geschichten darüber, weshalb Chicago (USA) die „Windy City" (windige Stadt) genannt wird. Schon um 1890 fiel auf, dass die Wolkenkratzer den Wind sogartig hinunter auf die Straßen lenken. Hochhäuser wirken wie Kanäle, die Windstöße verstärken und Turbulenzen erzeugen, sodass Staub und Müll aufgewirbelt werden.

FELSENFEST VERANKERT

Wie ein Wolkenkratzer im Boden verankert wird, hängt von der Beschaffenheit des Untergrunds ab. Hartes Gestein ist eine ideale Grundlage. Dort werden Pfeiler aus Stahl oder Beton hineingetrieben. Auf weicherem Boden, z.B. auf Lehm oder Tonschiefer, werden große Fundamentplatten aus Stahlbeton gegossen. Die Zwillingstürme der Petronas Towers in Kuala Lumpur (Malaysia) haben das tiefste Fundament der Welt. Es besteht aus dicken Betonplatten und langen Pfeilern, die tief in das weiche Grundgestein hineinreichen.

Die längsten Pfeiler reichen bis 105 m in die Tiefe.

In die Breite

In der Antike und im Mittelalter waren Städte von einer Mauer umgeben (S. 18–19), moderne Städte aber wachsen ungehemmt und vereinnahmen kleinere Siedlungen in der Umgebung. Außerhalb der Wolkenkratzer und der historischen Altstädte im Zentrum liegen im Umkreis der Großstädte weitläufige Wohnbezirke für die Pendler oder „Satellitenstädte". In Europa bezeichnet der Begriff Vorort einen Wohnbereich am Rand einer Großstadt. In Nordamerika liegen Vororte außerhalb des Stadtbezirks und unterstehen auch nicht der Stadtregierung. In weniger entwickelten Ländern liegen in den Außenbezirken oft Slums – nicht geplante und genehmigte Wohnbezirke für die in die Stadt strömende Landbevölkerung. In dicht bevölkerten Ländern wachsen Städte oft zusammen und bilden dann riesige Ballungszentren.

STADTFLUCHT

Als im 19. und 20. Jh. Eisenbahn und Motorfahrzeuge erfunden wurden, zogen immer mehr Leute aus dem Stadtzentrum in die Außenbezirke. Dort gab es mehr Platz und Grünflächen. Die Arbeitsplätze konnten mit den neuen Verkehrsmitteln erreicht werden. Das abgebildete Plakat von 1908 warb in der Londoner U-Bahn für eine neue Wohnanlage in den Vororten. Die Eisenbahnbetriebe warben für die Vororte, um mehr Fahrkarten zu verkaufen.

VERBINDUNGEN

Die Ausdehnung der Städte wird durch den Verkehr ermöglicht. Die meisten Großstädte mit ihren vielspurigen Stadtautobahnen und Auffahrtsrampen wurden für Autos geplant. Das Stadtzentrum soll von den Außenbezirken her schnell erreichbar sein. Die Autobahnen isolieren jedoch auch manche Stadtgebiete, in denen niemand mehr wohnen will, weil sie so heruntergekommen sind. Breite Straßen verleiten die Bürger zum Autofahren und so verlegen die Stadtplaner noch mehr Wohngebiete und Einkaufszentren an den günstigeren Stadtrand. Dann müssen noch mehr Straßen gebaut werden und die Stadt dehnt sich immer weiter aus.

HÄUSERMEER

Jenseits der Hochhäuser im Zentrum von Los Angeles (Kalifornien) erstrecken sich flache Wohngebiete und Vororte über eine Fläche von 1300 km². Los Angeles ist mit 3,8 Mio. Einwohnern die zweitgrößte Stadt in den USA, doch die umliegenden Stadtgebiete werden von insgesamt rund 15 Mio. Menschen bewohnt. Die Städteplaner stehen nun vor der Aufgabe, die großen und vielfältigen Bezirke der Stadt zu einem funktionierenden Ganzen zu verbinden. Sie planen Straßenzüge, Wohnungen, Einkaufsmöglichkeiten, Industriegebiete, Parks und Verkehrssysteme. So versuchen sie, in der Stadt ein funktionierendes Gemeinwesen zu erschaffen.

AUSUFERUNG

Übervölkerte Küstenstädte dehnen sich sehr häufig auch auf das Wasser aus. Es entstehen „Vororte" mit Hausbooten und schwimmenden Märkten. Im Schatten der Wolkenkratzer des Stadtteils Aberdeen wohnen im Hafen von Hongkong noch etwa 6000 Menschen auf traditionellen chinesischen Dschunken und Sampans. Vor 50 Jahren waren es noch rund 150 000 Menschen. Sie leben vom Fischfang, doch die Überfischung im Mündungsgebiet des Perlflusses führt dazu, dass ihre Zahl immer weiter abnimmt.

BALLUNGSZENTRUM

Aus dem Weltraum betrachtet sieht ein Ballungsgebiet (Agglomeration) wie eine riesige, ständig wachsende Betonwucherung aus. Das Bild zeigt den Großraum um die japanische Hauptstadt Tokio. Die Agglomeration ist mit den Großräumen von Chiba, Saitama und Kanagawa verschmolzen. Zusammen bilden sie nun den größten städtischen Ballungsraum der Welt, der mit einer Fläche von 13 750 km² fast so groß ist wie der US-Bundesstaat Connecticut. In der Megastadt leben 35 Mio. Menschen oder 28 % der Bevölkerung Japans.

AUF DER KIPPE

2005 brachen in einem heruntergekommenen Stadtbezirk in den östlichen Vororten von Paris soziale Unruhen aus, die sich schnell auf die Vororte in anderen französischen Städten ausweiteten. Ausgelöst wurden sie durch zunehmende Spannungen zwischen Jugendlichen und der Polizei. Autos und Gebäude wurden angezündet. Steigende Mieten und Immobilienpreise vertreiben viele arme Familien aus dem Stadtzentrum. In den Vororten werden sie oft nicht akzeptiert, finden keine Arbeit und werden an den Rand der Gesellschaft gedrängt.

Bevölkerungsdruck

Im Jahr 1900 gab es nur 16 Städte mit einer Einwohnerzahl von über 1 Million, heute sind es bereits mehr als 400. Viele Leute ziehen vom Land in die Stadt, weil sie Arbeit suchen. Dieser Prozess wird als Verstädterung oder Urbanisierung bezeichnet. Er verläuft heute schneller als je zuvor. Das Städtewachstum kann die Wirtschaft von Schwellenländern wie China und Indien beflügeln, weil dort immer sehr viele Arbeitskräfte für neue Industriezweige zur Verfügung stehen. Die meisten Neuankömmlinge hoffen auf höhere Löhne und bessere Wohnbedingungen, doch diese Hoffnung erweist sich oft als trügerisch. Manche Städte wachsen so schnell, dass ihre Infrastruktur – die Einrichtungen und Dienstleistungen, wie Straßen, Kanalisation und Wasserversorgung, ohne die eine Gemeinschaft nicht funktionieren kann – an ihre Grenzen stößt.

WIR WERDEN IMMER MEHR
Diese Neugeborenen in einem Krankenhaus in Manila (Philippinen) gehören nun zu den 12 Mio. Einwohnern dieser Stadt, die immer weiter wächst. Die Stadtbewohner verbrauchen riesige Mengen an Wasser und die Industriebetriebe, in denen sie arbeiten, benötigen noch mehr. In Manila wird das Wasser bereits rationiert.

DER PLATZ WIRD KNAPP
In boomenden Städten sind Grundstücke und Wohnraum sehr begehrt, sodass ihre Preise, z. B. in der Nähe von zentralen Bahnhöfen, in astronomische Höhen klettern. In japanischen Städten wie Osaka (oben) und Tokio sind Kapselhotels eine preiswerte Alternative. Geschäftsleute, die auswärts übernachten müssen, checken in eine solche Kapsel ein, die kaum größer ist als ein Sarg. Ein Hotel bietet oft Hunderte solcher Schlafabteile. Dazu gibt es Schließfächer und Gemeinschaftsduschen.

HOFFNUNG AUF EIN BESSERES LEBEN
Migranten aus Afrika wagen sich übers Meer, weil sie auf ein besseres Leben in den reichen Städten Europas hoffen. Ebenso wie Leute vom Land auf der Suche nach Arbeit in die Stadt ziehen, treibt die Armut viele Menschen aus weniger entwickelten Ländern dazu, ihre Heimat zu verlassen. Sie fliehen auch vor Naturkatastrophen, vor Hungersnöten, Kriegen oder Terror. Diejenigen, die es schaffen, arbeiten oft illegal in Großstädten und riskieren, von den Behörden ausgewiesen oder von Kriminellen ausgebeutet zu werden.

EIN-KIND-POLITIK

Ein Plakat in Guangzhou (China) ruft Ehepaare auf, nur ein Kind zu bekommen. Die chinesische Regierung verfolgt diese Politik seit 1978, um das Bevölkerungswachstum zu bremsen. Sie gilt v. a. für Stadtbewohner, die für jedes weitere Kind Strafe zahlen müssen. Zwar ging die Zahl der Geburten zurück, dafür ergaben sich andere Probleme: Die männlichen Einzelkinder werden oft sehr verwöhnt – man nennt sie „kleine Kaiser".

SLUMS

In weniger entwickelten Ländern werden die Städte oft von armen Landflüchtlingen überflutet, die dann in Bezirken mit selbstgebauten Hütten leben, die oft illegal errichtet wurden. In den verschiedenen Ländern gibt es unterschiedliche Namen, z. B. Shanty Town, Slum oder Favela. Kibera ist ein Slum außerhalb der kenianischen Hauptstadt Nairobi entlang der Eisenbahnstrecke nach Uganda. Auf einer Fläche von 2,5 km² leben hier 250 000 bis 800 000 Menschen. Die Lebensbedingungen sind schlecht und ungesund. Das Gebiet wird häufig überflutet. 2009 wurde ein 9-Jahres-Programm zur Umsiedlung der Menschen in Kibera und anderen Slums gestartet.

STÄDTEVERFALL

Manchmal führen wirtschaftliche Faktoren auch zum Verfall von Städten. Mitte des 20. Jh. war Detroit (USA) ein blühendes Zentrum der Autoindustrie. Als die Leute in die Vororte zogen, weil es ihnen dort sicherer erschien, begann der schleichende Verfall. Der Wohnungsmarkt im Zentrum brach ein. Nachdem es der Autoindustrie in den USA jahrzehntelang immer schlechter gegangen war, war im Jahr 2000 die Bevölkerung in der Innenstadt um die Hälfte geschrumpft. Hunderte Häuser standen leer. Dies war einst ein feines Hotel und später ein Wohnhaus. Um 1990 wurde es endgültig verlassen und von Vandalen demoliert. Planer kümmern sich nun um die Wiederbelebung der Innenstadt.

VOLKSZÄHLUNG

In der Regel werden die Einwohner regelmäßig gezählt, damit die Stadtplaner wissen, wie schnell eine Stadt wächst oder schrumpft. Dabei erheben sie meist noch weitere „demografische" Daten, z. B. Alter, Geschlecht, Beruf und Familiengröße. Viele Städte wachsen mit irrsinniger Geschwindigkeit. Dieses Bevölkerungsentwicklungsdiagramm weist Bangalore als eine der am schnellsten wachsenden Städte Indiens aus. Dort hat die Computerindustrie zu rasantem Wirtschaftswachstum geführt.

Bevölkerung (in Millionen)

8 –
7 –
6 –
5 –
4 –
3 –
2 –
1 –
0

| 1971 | 1981 | 1991 | 2001 | 2011* |

1,66   2,92   4,13   5,68   7,34

Jahr   *Schätzung

Zusammenleben

Städte sind gesellige Orte, an denen man Freunde finden, arbeiten, studieren, einkaufen und Spaß haben kann. All diese Gründe ziehen so viele Leute dorthin. Städte funktionieren gut, wenn die Menschen einander begegnen können. Manchmal sind sie jedoch auch in Gruppierungen gespalten, die sich durch Wohlstand, Alter, Herkunft oder Religion unterscheiden. Durch diese gesellschaftliche Einstufung fühlen sich Menschen oft machtlos, ausgegrenzt und einsam. Das Zusammenleben wird durch Straßenkriminalität, Vandalismus und Obdachlosigkeit zerstört. Dies hängt oft mit übergreifenden Problemen wie Arbeitslosigkeit oder Wohnungsnot zusammen. Gute Städteplanung kann hier helfen: Straßen sollen die Viertel nicht voneinandertrennen, attraktive öffentliche Plätze müssen zu Treffpunkten werden.

EINSAM IN DER MENGE

In Kleinstädten oder Dörfern kennen die Nachbarn einander meist persönlich. Sie achten dann auf ältere und gebrechliche Menschen und können im Notfall Verwandte benachrichtigen. In Großstädten mit Millionen von Einwohnern wird der Einzelne jedoch leicht übersehen. Niemand weiß mehr etwas über die vielen Gesichter, die einem in der Menge begegnen.

VERMISST

Dieser Milchkarton wurden mit Informationen über vermisste Jugendliche bedruckt, in der Hoffnung, dass jemand ein Gesicht oder einen Namen erkennt. In den USA laufen jährlich 2 Mio. Teenager von zu Hause weg. Einige enden auf der Straße, wo sie besonders gefährdet sind. Sie werden Opfer von Verbrechen, leiden an Depressionen, werden selbst straffällig oder drogensüchtig.

OBDACHLOS

Bei dem Namen Hollywood denken die meisten Leute an das glamouröse Zentrum der Filmindustrie in Los Angeles (Kalifornien) – doch auch hier gibt es bis zu eine Viertelmillion Obdachlose. Das gesamte Eigentum dieses Manns passt in den Einkaufswagen. Manchmal enden ganze Familien auf der Straße und müssen um Geld und Nahrung betteln. Wohltätigkeitsorganisationen richten Heime ein, die den Obdachlosen ein Bett und ein warmes Essen bieten.

Überwachungs-kamera

ZUR SICHERHEIT

Manchmal werden an hohen Gebäuden oder Masten Überwachungs-kameras angebracht, die das Geschehen in belebten Straßen auf-zeichnen. Die Bilder werden an eine Polizeistation oder einen Sicherheitsdienst gesendet. Die Kameras sollen aggressives Verhalten verhindern und ein Gefühl der Sicherheit vermitteln. Nach einer Straftat können die Täter oft anhand der Videos erkannt und gefasst werden. Viele Menschen fühlen sich durch die Kameras aber auch beobachtet und in ihrer Privatsphäre gestört.

„HIERHER!"

Wer einem Sportverein beitritt, hält sich fit und gesund. Vor allem bei Mannschaftssportarten wie Basketball werden Freundschaften über gesellschaftliche Schranken hinweg geschlossen. Die Mitglieder erwerben soziale Fähigkeiten, die auch im Alltag nützlich sind. In ärmeren Stadtvierteln ist der Sportverein eine gute Alternative zu den Straßenbanden. Einige Jugendliche können dadurch sogar berühmt und reich werden.

„WIR PROTESTIEREN"

Demonstranten in roten T-Shirts und mit roten Fahnen bevölkerten 2010 die Straßen der thailändischen Hauptstadt Bangkok. Sie protestierten gegen die Regierung des Landes. Da viele Großstädte gleichzeitig Zentren politischer Macht sind, finden hier oft Demonstrationen, politische Aufmärsche und Versammlungen statt, die Veränderungen fordern. In freien Gesellschaften haben die Menschen das Recht, ihre Meinung zu äußern. Manche Regierungen setzen jedoch Polizeikräfte oder Militär ein, um ihre Kritiker anzugreifen.

Demonstranten („Rothemden") in Bangkok

ORTE ZUM KENNENLERNEN

Paris ist berühmt für seine schönen Cafés und Bistros. Das Gute daran ist nicht nur der Kaffee oder das Essen, sondern die gesellige Atmosphäre. Sie bieten gemütliche Sitzplätze in der hektischen Stadt. Hier kann man Zeitungen lesen oder Freunde treffen und sich unterhalten. Wenn Märkte oder Büros im Zentrum geschlossen werden, bringen Cafés und Einkaufsmöglichkeiten oft wieder Leben in die Stadt.

Arbeit in der Stadt

Die ersten Städte entstanden aus wirtschaftlichen Gründen. Die Leute handelten dort mit Waren und Dienstleistungen. Auch heute produzieren viele Stadtbewohner Güter, aber in wohlhabenden Städten arbeiten die meisten Leute im Dienstleistungsbereich, also in Banken, Versicherungen oder im Einzelhandel (als Verkäufer im Laden). Fabriken liegen meist am Stadtrand, aber die Firmenzentralen sind in Hochhäusern im Zentrum untergebracht. Der Wohlstand, den sie schaffen, wird in Form des Bruttoinlandsprodukts (BIP) gemessen. Es gibt den Wert aller in einem Jahr produzierten Waren und Dienstleistungen an. Das BIP der Stadt Tokio (Japan) ist mit 1,5 Mrd. US-Dollar allein schon knapp 5-mal so groß wie das von ganz Simbabwe.

BÜROGEBÄUDE
Viele Leute pendeln täglich in die Büroräume großer und kleiner Unternehmen, um deren Kunden zu bedienen. Ab etwa 1970 veränderten Computer die Arbeitsweise und Kommunikation drastisch. So können sich die Menschen zwar nun auch über die Ländergrenzen leichter erreichen, aber die Kommunikation per Computer ersetzt immer häufiger das persönliche Gespräch.

MODESTÄDTE
Die Modeschauen mit den Frühlings- und Herbstkollektionen der führenden Designer in den Mode-Hauptstädten der Welt sind wegweisend für die Modeindustrie. Die Shows unterstreichen das Image einer Stadt als besonders angesagter Ort. Solche Städte ziehen dann das weltweite Geschäft an sich. Paris spielt seit 400 Jahren die Vorreiterrolle, aber Städte wie Mailand, London und New York sind ebenfalls in die erste Reihe aufgerückt.

Model auf der Mailänder Modewoche (Italien)

FINANZZENTREN
Macht eine Stadt wirtschaftliche Schlagzeilen, sind in der globalen Wirtschaft sofort alle anderen Städte der Welt davon betroffen. Die Wall Street mit der New Yorker Börse (New York Stock Exchange, NYSE) ist eins der wichtigsten Finanzzentren. Auf dem Parkett der Börse treffen sich die Aktienhändler. An einem Tag werden bis zu 153 Mrd. US-Dollar umgesetzt. Spekulationen auf den zukünftigen Preis von Rohstoffen bilden ebenfalls ein Multi-Milliarden-Dollar-Geschäft, das an der Warenterminbörse (New York Mercantile Exchange) stattfindet. Auch London, Hongkong, Singapur und Zürich sind wichtige Handels- und Finanzzentren.

FILMZENTREN

Den Anfang bildete Hollywood: Zu Beginn des 20. Jh. entwickelte sich dieser Stadtteil von Los Angeles (USA) zu einem weltweit bekannten Zentrum der Film- und Unterhaltungsindustrie. Dann folgte Mumbai (früher Bombay), das sich als Hauptstadt der äußerst erfolgreichen indischen Filmindustrie den Spitznamen „Bollywood" verdiente. Dieses Filmplakat von 2008 stammt aus einer weiteren Film- stadt – Hongkong. Seit etwa 1970 ist Hongkong weltweit für Martial-Arts-Filme mit Schauspielern wie Bruce Lee und Jackie Chan bekannt.

FENSTERPUTZER AN HOCHHÄUSERN

Das Fensterputzen an den neuen Wolkenkratzern in Shanghai (China) ist oft gefährlich. Die Unternehmen in der Stadt beschäftigen viele Menschen als Reinigungs- und Wartungskräfte, Handwerker, Wachpersonal, Fahrer oder im Telefondienst. Große Städte sind sehr stark auf diese wenig angesehenen Berufe, die oft außerhalb der normalen Arbeitszeiten ausgeübt werden müssen, angewiesen. Die niedrigen Löhne sind in den Städten mit hohen Lebenshaltungskosten oft ein Problem, doch in einigen Ländern gibt es bereits Mindestlöhne.

EINKAUF UND VERKAUF

Einkauf und Verkauf standen in den Städten von Anfang an im Mittelpunkt des Geldverdienens. Der moderne Einzelhandel beschäftigt Verkäufer in vielerlei Geschäften, von kleinen, unab- hängigen Läden bis hin zu Einkaufszentren. In Einkaufszentren wie der Europa Passage (oben) in Hamburg gibt es Läden und Restaurants unter einem Dach. Das Mall of Asia in Pasay City (Philippinen) bietet ein Eisstadion, ein IMAX-Kino und eine Bahn mit 20 Sitzen, die die Kunden in den vier riesigen Gebäuden umherfährt.

RISKANTE SPIELE

Manche Städte wurden durch einen ganz bestimmten Wirtschaftszweig berühmt. Houston (Texas, USA) machte ein Vermögen mit Öl und Gas. Las Vegas (USA) hat sich auf das Glücksspiel spezialisiert. Die Spieler in den Kasinos verwenden solche Chips als Einsatz. Die Abhängigkeit von einer Bran- che ist jedoch riskant. Als sich um 1980 in Großbritannien der Kohleabbau nicht mehr lohnte, verarmten zahlreiche Bergbaustädte in Südwales und Nordengland.

Stadtverkehr

Als die meisten Leute noch zu Fuß zur Arbeit gingen, waren die Städte viel kleiner. Im ersten Jahrhundert konnte man das damals römische London noch in 20 Minuten durchqueren. Im 19. Jahrhundert führten Auto und Eisenbahn dazu, dass sich die Städte rapide vergrößerten, auch durch die Pendlervororte. Wer London heute durchwandern wollte, wäre 11 Stunden unterwegs. Moderne Städte bilden ein Labyrinth aus Straßen, Schienen sowie Über- und Unterführungen. Es gibt verkehrsfreie Zonen für Fußgänger ebenso wie fußgängerfreie Zonen für den Verkehr. Städte werden so geplant, dass alle Verkehrsnetze einander ergänzen, sodass Menschen, Fahrzeuge und Waren schnell und einfach bewegt werden können.

WER FÄHRT WOHIN?

Die U-Bahn in London war das erste unterirdische Bahnstreckennetz der Welt. Es gibt sie seit 1863 und sie verbindet heute die Vororte mit dem Zentrum, die Bahnhöfe mit den Flughäfen und die Hotels mit den Sehenswürdigkeiten. Sie kommt viel schneller voran als die Autos auf den verstopften Straßen. Das Streckennetz umfasst rund 400 km, die 270 Stationen werden von 1 Mrd. Passagieren pro Jahr genutzt.

STAU

Staus gibt es nicht erst seit der Erfindung des Autos. Wagen und Kutschen verstopften schon die Märkte im alten Rom, die Pferdekutschen im viktorianischen London mussten schon lange, bevor es Autos gab, im Stau stehen. Auf dem Bild ist eine belebte Kreuzung im Paris des Jahres 1912 zu sehen. Autos, Kutschen und Fußgänger drängen wild durcheinander.

IDEALER VERKEHRSFLUSS

In Istanbul (Türkei) nutzen alle Passagiere in öffentlichen Verkehrsmitteln solche elektronischen Fahrausweise. So müssen sie nicht ständig neue Fahrscheine lösen. Es gibt noch mehr Möglichkeiten, den Verkehrsfluss zu erleichtern, z. B. kann die Stadtverwaltung eine Spur für Busse reservieren und bequeme Park-and-Ride-Möglichkeiten anbieten, sodass Autos am Stadtrand parken und die Leute per Bus ins Zentrum fahren. In Durham (England) ist der Stadtverkehr um 90 % zurückgegangen, seit private Autofahrer eine Gebühr zahlen müssen, um in die Altstadt zu fahren.

Akbil-
Fahrausweise

MUSKELKRAFT

Diese *becak* (ausgesprochen: *bei-tscha*) in Yogyakarta ist die indonesische Version einer Fahrradrikscha. Sie kombiniert die Rikscha (den traditionellen asiatischen Handwagen für Passagiere) mit dem Fahrrad und ist ein billiges, umweltschonendes Transportmittel. In vielen asiatischen Ländern gibt es auch Autorikschas oder motorisierte Fahrradrikschas.

HOCH ÜBER DEN STRASSEN

Schwebebahnen brauchen nur ein Gleis. Sie befördern die Fahrgäste platzsparend hoch über den Straßen. Die Metro Monorail in Sydney (Australien) wird von Elektromotoren angetrieben und gleitet auf Gummirädern dahin. Die 3,6 km lange Strecke verbindet den Darling Harbour mit Chinatown, dem wichtigsten Einkaufsviertel und dem zentralen Geschäftsviertel (S. 24–25). Touristen lieben diese Bahn. Schwebebahnen sind auf der ganzen Welt zu besonderen Wahrzeichen geworden, von Wuppertal bis Tokio (Japan).

ALLE MANN AN BORD
In vielen an Flüssen und Küsten gelegenen Städten gibt es Transportmittel auf dem Wasser. Pendler können mit der Fähre auf dem kürzesten Weg über den Fluss oder Hafen zur Arbeit gelangen. Diese Passagierfähre verbindet die New Yorker Stadtteile Staten Island und Manhattan. Die 8 km lange Überfahrt dauert 25 Minuten und ist kostenlos. Öffentliche Verkehrsmittel stellen nachts meist ihren Dienst ein, aber die Staten-Island-Fähre fährt rund um die Uhr.

SMOGGLOCKE
Smog (eine Mischung aus Rauch und Nebel) entsteht aus Fahrzeugabgasen und Fabrikrauch. Die Stadt Los Angeles (Kalifornien) ist speziell für den Autoverkehr geplant worden. Sie ist von breiten Schnellstraßen durchzogen, nur 11 % der Pendler nutzen öffentliche Verkehrsmittel. Daher ist die Stadt oft in eine Smogglocke eingehüllt. Um den Smog zu verringern, wurde per Gesetz festgelegt, dass die Einwohner abgasarme Autos fahren müssen.

Unter der Erde

Unter unseren Städten tut sich eine ganz eigene Welt auf mit den Fundamenten alter und neuer Gebäude aus Ziegeln, altem Holz oder aber aus modernen Stahlbetonplatten. Darunter könnten noch die Reste früherer Städte liegen, die im Lauf der Jahrhunderte unter verschiedenen Bodenschichten begraben wurden. Vielleicht verlaufen dort auch unterirdische Bäche und Flüsse, die heute durch die Kanalisation geleitet werden, die sowohl das Regen- als auch das Abwasser abtransportiert. Außerdem sind dort Trinkwasserleitungen, Gasrohre und Kabel verlegt. Auch Straßen- und U-Bahntunnel oder Eisenbahnstrecken mit belebten Bahnhöfen liegen tief unter der Erde.

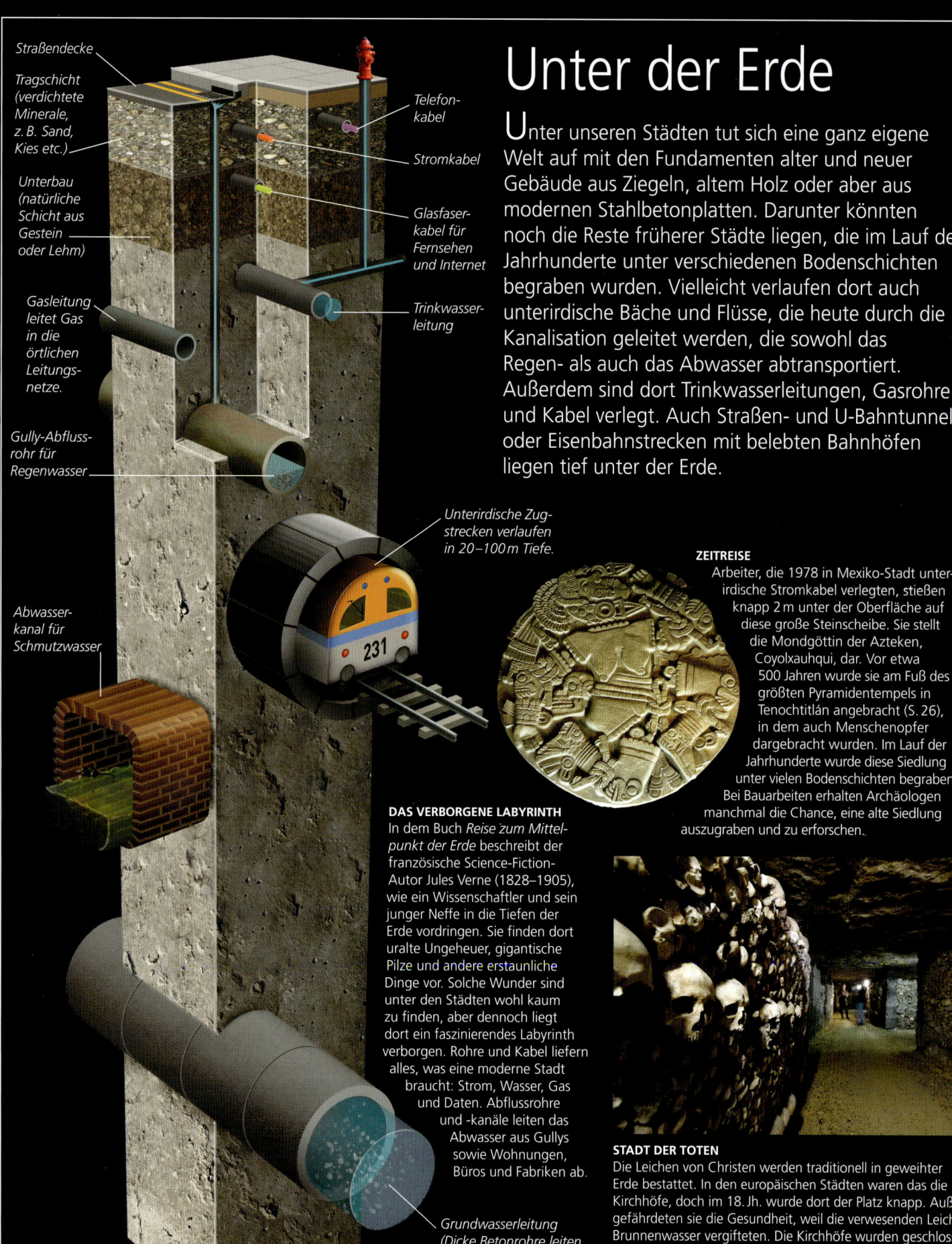

Straßendecke

Tragschicht (verdichtete Minerale, z. B. Sand, Kies etc.)

Unterbau (natürliche Schicht aus Gestein oder Lehm)

Gasleitung leitet Gas in die örtlichen Leitungsnetze.

Gully-Abflussrohr für Regenwasser

Abwasserkanal für Schmutzwasser

Telefonkabel

Stromkabel

Glasfaserkabel für Fernsehen und Internet

Trinkwasserleitung

Unterirdische Zugstrecken verlaufen in 20–100 m Tiefe.

Grundwasserleitung (Dicke Betonrohre leiten das Wasser aus Grundwasserspeichern oder Aufbereitungsanlagen in die Stadt.)

231

DAS VERBORGENE LABYRINTH

In dem Buch *Reise zum Mittelpunkt der Erde* beschreibt der französische Science-Fiction-Autor Jules Verne (1828–1905), wie ein Wissenschaftler und sein junger Neffe in die Tiefen der Erde vordringen. Sie finden dort uralte Ungeheuer, gigantische Pilze und andere erstaunliche Dinge vor. Solche Wunder sind unter den Städten wohl kaum zu finden, aber dennoch liegt dort ein faszinierendes Labyrinth verborgen. Rohre und Kabel liefern alles, was eine moderne Stadt braucht: Strom, Wasser, Gas und Daten. Abflussrohre und -kanäle leiten das Abwasser aus Gullys sowie Wohnungen, Büros und Fabriken ab.

ZEITREISE

Arbeiter, die 1978 in Mexiko-Stadt unterirdische Stromkabel verlegten, stießen knapp 2 m unter der Oberfläche auf diese große Steinscheibe. Sie stellt die Mondgöttin der Azteken, Coyolxauhqui, dar. Vor etwa 500 Jahren wurde sie am Fuß des größten Pyramidentempels in Tenochtitlán angebracht (S. 26), in dem auch Menschenopfer dargebracht wurden. Im Lauf der Jahrhunderte wurde diese Siedlung unter vielen Bodenschichten begraben. Bei Bauarbeiten erhalten Archäologen manchmal die Chance, eine alte Siedlung auszugraben und zu erforschen.

STADT DER TOTEN

Die Leichen von Christen werden traditionell in geweihter Erde bestattet. In den europäischen Städten waren das die Kirchhöfe, doch im 18. Jh. wurde dort der Platz knapp. Außerdem gefährdeten sie die Gesundheit, weil die verwesenden Leichen das Brunnenwasser vergifteten. Die Kirchhöfe wurden geschlossen und man richtete neue Friedhöfe in den Außenbezirken ein. In Paris wurden die Toten sogar in Katakomben verlegt – in aufgelassenen unterirdischen Steinbrüchen. Der Direktor der Steinbrüche ließ die Schädel so aufstapeln, wie sie heute noch zu sehen sind.

MAIL RAIL
Um 1900 legte die Chicago Tunnel Company mehrere schmale Tunnel unter der Stadt Chicago (USA) an, um Telefonkabel zu verlegen. Sie baute eine einmalige Miniatureisenbahn, die das abgetragene Gestein abtransportierte und anschließend die Kabel durchzog. Später beförderten die kleinen Lokomotiven Waggons mit Briefen und Paketen mit hoher Geschwindigkeit durch die Stadt. Die britische Post betrieb von 1927 bis 2003 ein ähnliches System, die sogenannte Mail Rail.

GIGANTISCHE ABFLUSSANLAGEN
Die Kanalisation unter der Stadt Kasukabe in der Region Saitama im Ballungsraum von Tokio (S. 31) wird sogar mit dem Flutwasser von Taifunen und anderen Unwettern fertig, die in der Regenzeit auftreten. Das Projekt G-Cans umfasst Tunnel von 64 km Länge in einer Tiefe von rund 50 m unter dem Ballungsraum Tokio. Das Wasser wird in fünf riesigen Betonsilos aufgefangen und in die oben gezeigten gigantischen, säulengestützten Tanks geleitet. Von dort wird es mit einer unglaublichen Geschwindigkeit von 180 t pro Sekunde in den Fluss Edo gepumpt.

*Schneide-
werkzeug*

DER GROSSE GESTANK
1858 zog aus der Themse lange Zeit ein fürchterlicher Gestank in die Stadt London, denn der Fluss war voller ungeklärter Abwasser aus den Fabriken und Häusern. Viele Menschen starben an Cholera, einer Durchfallerkrankung, die durch verschmutztes Wasser verbreitet wird. 1859 wurde ein fortschrittliches Abwassersystem aus gekachelten Kanälen gebaut, das die Abwässer flussabwärts in die Themsemündung leitete. Pumpstationen wie hier im Bild mussten das Abwasser an einigen Stellen bergauf und anschließend wieder weiterpumpen.

TUNNELBAU
Gigantische Tunnelbohrmaschinen wie diese graben Straßen- und Eisenbahntunnel unter den Städten. Vorne am Bohrkopf sitzen starke Schneidräder, die sich in das Gestein graben. Dahinter folgt ein Schutzschild, der die Arbeiter schützt und gleichzeitig Tunneldach und Wände abstützt. Ein Einsturz stellt eine große Gefahr dar, besonders in weichem oder lockerem Boden. Näher an der Oberfläche werden Tunnel ausgehoben und anschließend abgedeckelt.

Versorgung

Städte sind von ihrer Umgebung abhängig. Sie brauchen Wasser und Lebensmittel sowie Material und Rohstoffe für die verarbeitende Industrie. Dafür bieten die Städte den Menschen ringsum Arbeitsplätze, Dienstleistungen und Handelswaren. Die Umgebung einer Stadt wird oft als ihr „Hinterland" bezeichnet. Im Mittelalter eroberten feindliche Belagerer Städte oft dadurch, dass sie die Versorgungswege aus dem Hinterland abschnitten. Inzwischen versorgen sich Städte jedoch aus dem ganzen Land, dem Kontinent oder sogar aus der ganzen Welt. Ein einziger großräumiger Stromausfall, eine Naturkatastrophe oder ein Krieg machen jedoch sofort deutlich, wie verletzlich Städte sind. Ohne Unterstützung von außen können sie nicht überleben.

FRISCH VON DER QUELLE

Die alten Römer waren Meister in der Versorgung ihrer Städte mit frischem Quellwasser. Sie leiteten es durch lange Rinnen oder Rohre, die Aquädukte. Täler wurden mithilfe hoher Bogenkonstruktionen überbrückt. Der Pont du Gard in Südfrankreich (oben) leitete das Wasser von einer Quelle bei Uzès in die Stadt Nemausus (heute Nîmes). Das 50 km lange Aquädukt wurde im 1. Jh. n. Chr. erbaut und lieferte Trinkwasser für die Stadt, versorgte die öffentlichen Bäder und Brunnen und beseitigte den Abfall.

VORRATSHALTUNG

Früher wurden in den Städten möglichst viele Vorräte angehäuft. In Kornspeichern lagerte Getreide, Vieh lieferte Fleisch und Milch. So waren die Leute gegen Notzeiten und Belagerungen abgesichert. In Zisternen wurde Regenwasser gesammelt. Diese beeindruckende Zisterne wurde im 5. Jh. n. Chr. unter der Stadt Konstantinopel (heute Istanbul, Türkei) angelegt, um den Palast des Kaisers zu versorgen. Sie wird auch „versunkener Palast" genannt und fasst so viel Wasser wie 32 Olympia-Schwimmbecken. Die Zisterne half der Stadt zu überleben, selbst wenn Belagerer die Versorgung über die Aquädukte unterbrachen.

DIE BERLINER LUFTBRÜCKE

Nach dem Zweiten Weltkrieg (1939–1945) war Deutschland mit der Hauptstadt Berlin von den alliierten Streitkräften – USA, Großbritannien, Frankreich und Sowjetunion – besetzt, zwischen denen sich jedoch bald Spannungen entwickelten. 1948 blockierte die Sowjetunion alle Straßen- und Bahnverbindungen nach Berlin, sodass sie die Stadt kontrollieren konnte. Die anderen Alliierten reagierten mit der Versorgung Berlins in unzähligen Flügen mit Nahrung, Treibstoff und anderen Vorräten aus der Luft. Im Mai 1949 gab die Sowjetunion die Blockade auf.

VERSORGUNG MIT NAHRUNG

Städte in abgelegenen oder unwirtlichen Gegenden beziehen ihre Vorräte oft von weit her. Dieser schwer beladene Lastwagen bringt Viehfutter nach Jaisalmer im Bundesstaat Rajasthan (Indien). Die Stadt mit ihren 60 000 Einwohnern liegt in einer Wüstenregion, in der es nicht genug Wasser für den Getreideanbau gibt. Die meisten Menschen leben von der Viehzucht und die Stadt ist auf Nahrungsmittel aus wasserreichen Gebieten ange-wiesen. Städte in fruchtbaren Gebieten und Hafenstädte können sich leichter und billiger versorgen, was sich positiv auf ihre Wirtschaft auswirkt.

Viehfutter wird in riesigen Säcken verkauft.

ENERGIEVERBRAUCH

In der Stadt wird viel mehr Strom verbaucht als auf dem Land. Las Vegas (Nevada, USA) ist für seine vielen Kasino-Hotels berühmt, deren unzählige Lichter die Nacht zum Tag machen. Der Hoover-Staudamm am Lake Mead – 48 km südlich der Stadt – versorgt die Stadt mit Elektrizität und Wasser. Wie sehr die Stadtbewohner vom Strom abhängig sind, zeigt sich jedes Mal bei Ausfällen. Der in den Kraftwerken erzeugte Strom wird über Leitungsnetze transportiert. Ein Fehler in einem der Netze zieht oft großräumige Stromausfälle nach sich. 2003 waren Teile der USA und Kanadas stundenlang ohne Strom. Rund 45 Mio. Menschen in 8 Bundesstaaten der USA und weitere 10 Mio. Menschen in Kanada waren von diesem soge-nannten Northeast Blackout betroffen.

Bulldozer pressen den Müll zusammen.

KONSUM ERZEUGT MÜLL

Bei der Herstellung und der Nutzung von Gütern entsteht Abfall, sodass viele Städte am Stadtrand große Mülldeponien unterhalten. Dies stellt jedoch eine Gefahr für die Öffentlichkeit dar, weil beinahe jede Art von Müll der Umwelt schadet. Bei seiner Zerset-zung werden schädliche Chemikalien wie Methan und Ammoniak freigesetzt, die den Boden, die Luft und das Wasser verschmutzen. Bei der Verbrennung entstehen Gase wie Stickstoffdioxid, die unter anderem sauren Regen verursachen. In vielen modernen Städten werden daher Glas-, Papier-, Holz- und Metallabfälle getrennt, um sie wiederverwerten (recyceln) zu können.

Stadtverwaltung

Die ersten Städte wurden von Königen regiert, die zu ihrer Unterstützung häufig Stadträte ernannten. Vor etwa 2500 Jahren beschlossen die Bewohner von Athen im alten Griechenland, dass alle Bürger sich regelmäßig versammeln und aus ihrer Mitte einen Stadtrat wählen sollten. Auch moderne Städte haben einen Rat oder eine Versammlung, die Beschlüsse fasst und Beamte beschäftigt, die diese Entscheidungen ausführen. Solche Stadträte können sogar von der Landesregierung unabhängig sein. Sie können eine eigene Polizei unterhalten, Steuern erheben und haben ein eigenes Budget für Wohnungsbau und Bildung. In Demokratien setzen sie sich aus gewählten Volksvertretern zusammen. Auch Privatunternehmen und Behörden tragen zum reibungslosen Ablauf des Lebens in den Städten bei.

GEWÄHLTER STADTRAT

Diese Bronzescheiben wurden bereits vor 500 v. Chr. in der Ekklesia (Bürgerversammlung) von Athen bei Wahlen verwendet. Dies war die erste demokratische Versammlung der Welt, obwohl Frauen, Sklaven und Griechen, die aus anderen Städten stammten, nicht teilnehmen durften. Die Verwaltung der Stadt lag in den Händen eines gewählten Rates. Auch die Aufgaben von Richtern wurden von gewählten Bürgern übernommen.

BEAMTE AUF ROLLSCHUHEN

Der Polizei kommt eine sehr wichtige Aufgabe zu, denn sie verfolgt Straftäter und sorgt dafür, dass die Gesetze eingehalten werden. Diese norwegischen Polizisten sind auf Fahrrädern und Rollerblades unterwegs, damit sie auch in Fußgängerzonen und Parks auf Streife gehen können. Paris besaß bereits 1667 eine Polizei und Glasgow (Schottland) im Jahr 1800. Die Metropolitan Police in London wurde 1829 gegründet und diente vielen Ländern der Welt als Vorbild.

Bürgermeister-schärpe in den drei Farben der italienischen Flagge

DAS STADTOBERHAUPT

In Italien tragen die *sindaci* (Bürgermeister) bei offiziellen Anlässen eine Schärpe. Der Bürgermeister bekleidet das höchste Amt in der Stadt. Je nach Land wird er entweder ernannt oder gewählt. Er steht meist der Stadtverwaltung vor und kann auch als eine Art Botschafter auftreten, z. B. wenn er die Stadt bei der Bewerbung um die Olympischen Spiele vertritt, für die Ansiedlung von Unternehmen wirbt oder Partnerschaften mit ausländischen Städten schließt.

MUTIGE FEUERWEHR

Diese Feuerwehr bekämpft einen Brand in Oregon (USA). Der Einsatz von Brennstoffen zum Heizen, Kochen und in der Industrie stellte für Städte immer eine große Gefahr dar. Seit dem 17. Jh. wurden Kutschen mit Wasserpumpen bereitgestellt, um Brände zu löschen. Bald danach bildeten sich die ersten Feuerwehren. Heute stehen ihnen die besten Atemschutzgeräte und feuerfeste Kleidung zur Verfügung. Dafür müssen sie mit Naturkatastrophen, Autounfällen und freigesetzten Chemikalien fertig werden.

Der Theodolit ist ein sehr genaues Winkelmessgerät.

STADTPLANUNG

Die dafür zuständigen Abteilungen in der Stadtverwaltung entscheiden über die Genehmigung zum Bau neuer Gebäude und darüber, welche alten Gebäude erhalten bleiben und welche abgerissen werden sollen. Stadtplaner kümmern sich um die Stadtentwicklung. Architekten und Ingenieure verschaffen sich einen Überblick über die Beziehungen zwischen den verschiedenen Stadtbezirken. Anhand von geschätzten zukünftigen Einwohnerzahlen planen sie dann die nötigen Straßen und Wohnungen.

Vermessungs-
ingenieure
unterstützen
die Stadtplaner.

MÜLLABFUHR

In Städten entsteht sehr viel Müll – in New York fallen z. B. täglich rund 14000 Tonnen an. Die Müllabfuhr holt den Müll ab, der sonst Ungeziefer anlocken würde, das Krankheiten verbreitet. Er wandert dann auf riesige Deponien oder wird verbrannt. Da dies die Umwelt schädigt, wird immer mehr Hausmüll getrennt und wiederverwertet. Oft werden daraus sogar neue Waren recycelt.

Wahrzeichen

Mit dem Namen einer Stadt verbinden wir oft ein ganz bestimmtes Bild – ein berühmtes Gebäude wie das Opernhaus in Sydney oder auch ein besonderes Verkehrsmittel wie die Gondeln in Venedig. Es können landschaftliche Merkmale sein wie der Tafelberg bei Kapstadt oder typische Uniformen wie sie die Wachen vor dem Buckinghampalast in London tragen. Was für ein Unternehmen das Logo ist, ist für eine Stadt ihr Wahrzeichen. Es wird für Souvenirs verwendet und in Reisekatalogen abgedruckt. Manchmal handelt es sich um Namen, die die Fantasie anregen, wie „Frühling in Paris". „Big Apple" war um 1920 nur ein Spitzname für New York, bis das Fremdenverkehrsbüro der Stadt 50 Jahre später damit Werbung machte. Die Tourismusindustrie setzt stark auf Wahrzeichen.

Basilius-kathedrale in Moskau (Russland)

EIN NAME ALS WAHRZEICHEN

Ein amerikanischer Bauträger stellte 1923 ein Werbeschild mit der Beschriftung „Hollywoodland" in den Hügeln von Hollywood bei Los Angeles auf. Als sich die US-Filmindustrie entwickelte und die Filme die weite Welt eroberten, wurde dieses einfache Schild zum internationalen Symbol für Kino und Starruhm. 1949 wurde es auf den Namen Hollywood verkürzt, der für den ganzen Stadtteil steht.

ALLE MEINE ANDENKEN

Symbole und Wahrzeichen stehen im Zentrum eines blühenden Handels mit billigen Souvenirs für Touristen aus dem In- und Ausland. Sie werden in Form von Tassen, Schlüsselringen, Schneekugeln und Briefbeschwerern verkauft und auf T-Shirts, Plakate, Postkarten und Kühlschrankmagnete gedruckt. Selbst die elegantesten Gebäude lassen sich aus billigem Kunststoff nachbilden. Souvenirs sind ein gutes Geschäft und sie kurbeln den Tourismus weiter an. Überall auf der Welt wirken sie als Werbung und verbreiten das Image der Stadt.

UNVERGESSLICH!

Ein Tourist posiert so vor dem Schiefen Turm von Pisa (Italien), als ob er verhindern wollte, dass der Turm umkippt. Der berühmte Glockenturm wurde 1173 gebaut und neigte sich schon bald durch Bodensenkung zur Seite. Dieser Baufehler machte ihn auf der ganzen Welt berühmt. Andere Wahrzeichen kennt man wegen ihrer Schönheit, z. B. die Shwedagon-Pagode in Rangun (Birma), oder weil sich dort bedeutende Ereignisse abspielten, z. B. die Burg Edinburgh Castle (Schottland), die groß und beeindruckend auf einem Hügel liegt. Die riesige Statue *Christus der Erlöser* blickt von einem 700 m hohen Gipfel über den Hafen von Rio de Janeiro (Brasilien) – als einprägsames Wahrzeichen dieser lebendigen Stadt.

Eiffelturm in Paris (Frankreich)

ORIGINELLE FAHRZEUGE

Oft erinnern sich Touristen besonders gut an ungewöhnliche Verkehrsmittel. New York ist berühmt für die gelben Taxis, Hongkong für die Star Ferry, die den Hafen überquert, und Amsterdam für Fahrräder. Diese extravagant bemalten Busse, die Jeepneys, sind typisch für Manila (Philippinen). Ursprünglich waren es umgebaute Jeeps der US-Armee, die nach dem Zweiten Weltkrieg zurückgelassen wurden.

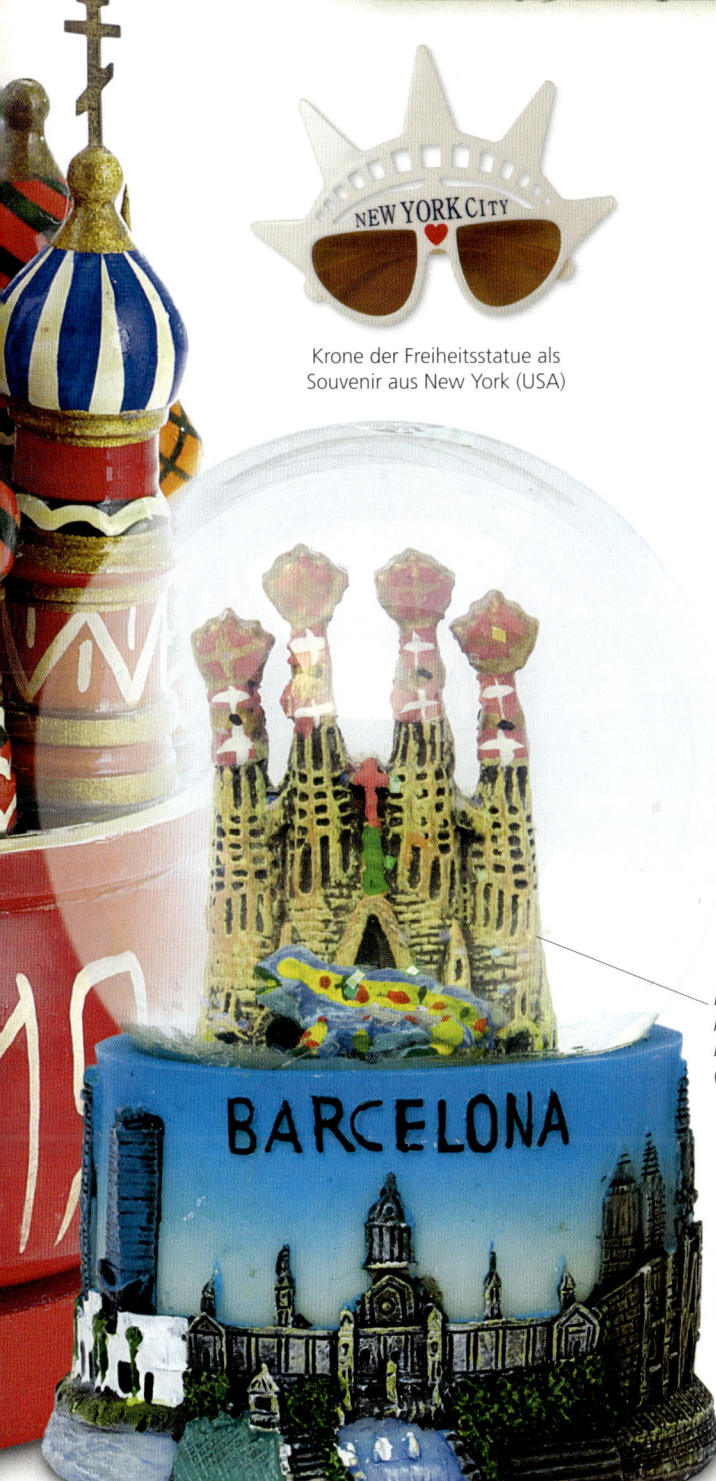

Krone der Freiheitsstatue als Souvenir aus New York (USA)

RIESENRAD MIT AUSSICHT

Die Skyline mancher Stadt ist äußerst beeindruckend, besonders von einem Riesenrad aus betrachtet. Dies ist der Singapore Flyer, ein 2008 in Dienst gestelltes Riesenrad. Mit einer Höhe von 165 m ist es eins der höchsten Riesenräder der Welt. Von oben sieht man 45 km in die Ferne. Oft gehören Riesenräder selbst zur Skyline. Das berühmte Riesenrad im Prater von Wien steht bereits seit 1897. Das London Eye wurde erst 1999 errichtet. Es ist die beliebteste eintrittspflichtige Touristen-attraktion in ganz Großbritannien.

Kirche Sagrada Família in Barcelona (Spanien)

Skyline von Barcelona (Spanien)

WACHABLÖSUNG

Die uniformierten Soldaten, die vor den Palästen Londons Wache stehen, sind eine beliebte Touristenattraktion und ein historisches Symbol der Stadt. Die Wachablösung, die jeden Vormittag am Buckinghampalast stattfindet, ist ein interessantes Spektakel. Ebenso berühmt sind die Evzonen, die Präsidialgarde in Athen. Militärparaden und -kapellen sind ein wichtiger Bestandteil vieler Zeremonien. Das Leben der Stadtbewohner wird davon kaum beeinflusst – es sei denn, ihnen gehört ein Souvenirladen, in dem auch Spielzeugsoldaten oder uniformierte Puppen verkauft werden.

Freiräume

Auf öffentlichen Plätzen wie Parks oder Gärten, an Seen und Stränden finden Stadtbewohner Ruhe vor der Hektik und dem Gewühle. Zwar gab es in den Städten schon immer Freiflächen, aber sie waren nicht immer öffentlich. Viele berühmte Parks wie der Hyde Park in London wurden bereits im Mittelalter eingerichtet, damit der König Wild jagen konnte. Seit dem 17. Jahrhundert gibt es Vergnügungsparks wie den Tivoli in Kopenhagen (Dänemark). Anfangs wurde dort Theater gespielt, später gab es Fahrgeschäfte. Seit etwa 1930 werden eigens Grünflächen und Gebiete eingeplant, die nicht bebaut werden dürfen, damit die Städte nicht noch mehr Dörfer vereinnahmen und somit am Stadtrand offene Flächen verbleiben.

GÄRTNERN IN DER STADT

Die Menschen in der Stadt leben oft beengt und haben wenig Grünflächen. Da sind gute Ideen gefragt und wer kann, verwandelt seine Dachterrasse in einen Garten. Auch in Hinterhöfen, auf Balkonen oder im Blumenkasten werden Pflanzen gezogen. Manchmal werden sie sogar als Dachbedeckung verwendet. In Europa können Stadtbewohner auch Schrebergärten pachten. Das sind kleine Grundstücke, auf denen sie ihr eigenes Gemüse anbauen können.

Eisfahrrad – ein Schlitten mit Pedalen

EIS IST COOL

Die Menschen in Peking (China) genießen bereits seit über 600 Jahren die Freuden des Parks rund um den Houhai-See. Neben Bäumen und zierlichen Brücken gibt es Cafés, Bars, Fußwege und kleine Läden. Im Winter friert der See zu, sodass ihn die Leute mit Schlittschuhen oder Eisfahrrädern befahren können. In anderen Ländern und Klimazonen kann man im Park reiten, Boot fahren, Tennis spielen, kegeln, Schach spielen und Drachen fliegen – oder einfach in Ruhe spazieren gehen und joggen. Manche Parks haben auch Freibäder mitten in der Stadt.

AM STRAND
Städte am Meer haben oft einen Sandstrand zum Baden und Surfen. Bondi Beach in Sydney, Waikiki in Honolulu und die Copacabana in Rio de Janeiro sind von der Stadt aus schnell und bequem zu erreichen. Aber wo sollen Städter in weit vom Meer entfernten Gegenden baden? Seit 2002 gibt es zur Freude der Pariser, die nicht an die sonnige Mittelmeerküste fahren können, Paris Plages – zwei künstliche Tropenstrände an der Seine. Auch in vielen anderen europäischen Städten, von Berlin bis Budapest, gibt es mittlerweile Strände mit importiertem Sand und künstlichen Palmen.

Auf den Kufen gleiten die Schlitten über das Eis.

Die Sitze sind zu Tandems verschweißt.

Ein Fuchs durchwühlt Londoner Mülltonnen nach Nahrung.

EIN PARK IST EIN PARADIES
Das Wort Paradies bezeichnet ursprünglich einen ummauerten Garten oder Park. Für die New Yorker ist der Central Park in Manhattan der Inbegriff des Himmels. Mitten im Straßengetümmel bietet ihnen ihr Park eine Oase aus Gras, Bäumen, Felsen, Pfaden und Teichen mit Spielplätzen und anderen Unterhaltungsmöglichkeiten. Pro Jahr zieht der Park 25 Mio. Besucher an. Oft bedecken Parks die wertvollsten Grundstücke einer Stadt, doch für die Planer haben sie als Grünflächen mehr Wert als bebautes Gebiet.

WILDE TIERE
Städte mit ihren Parks und unbebauten Flächen bieten auch Tieren eine wertvolle Heimat. Meist ist es dort wärmer als in der freien Wildbahn und es gibt weniger Raubtiere. Offene Plätze werden von Taubenschwärmen bevölkert. In Australien gibt es Kakadus und Beutelratten, in Afrika und Indien Geier und Milane, in Nordamerika Waschbären und in Europa Füchse, Wildschweine und Eichhörnchen. Ein weiterer Anziehungspunkt ist, dass sie im Müll mühelos genug Nahrung finden.

Kunst und Kultur

Das kulturelle Leben in den Städten ist oft sehr rege. Viele Künstler finden dort ihre Inspiration und gleichzeitig ein breites Publikum. Je größer die Stadt, desto vielfältiger die Theater, Opernhäuser und Konzerthallen, die Kunstgalerien, Museen und Festivals. Eine lebendige Kunstszene erweckt oft heruntergekommene Viertel zu neuem Leben und kurbelt die Wirtschaft an. In Großstädten finden spektakuläre Ausstellungen und Konzerte statt, aber die aufregendsten Kunstwerke findet man manchmal ganz unverhofft auf der Straße – in Form von Graffitimalereien, Karnevalskostümen oder auch jeder Art von Musik, Tanz, Pantomime oder Theater.

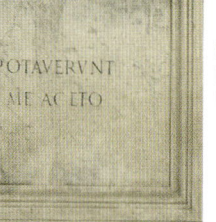

DRAMA AUF DER BÜHNE
Schon im Altertum waren Kunst, Musik und Tanz untrennbar mit dem Stadtleben verbunden. In Palästen, Tempeln und auf den Märkten blühte die Kunst. Im antiken Griechenland entwickelte sich im 6. Jh. v. Chr. aus religiösen Festen das Schauspiel. Die Schauspieler trugen Masken (oben) und führten in Amphitheatern Komödien und Tragödien auf. Die Römer bewahrten diese Tradition und errichteten überall im Reich Theater.

KÜNSTLERISCHE VISION
Das 1997 eröffnete Guggenheim-Museum in Bilbao (Spanien) ist ein Museum für moderne Kunst. Schon das Gebäude an sich ist ein echtes Kunstwerk. Es wurde von dem nordamerikanischen Architekten Frank Gehry entworfen und besteht aus Kalkstein und Glas, die mit Titanplatten beschichtet sind. Nur wegen dieses Museums sind bisher bereits über 13 Mio. Besucher nach Bilbao geströmt. Es verleiht der Stadt den Ruf eines Zentrums der Kultur und Moderne.

Engel mit dem Schwamm von Antonio Giorgetti (gestorben 1670)

STRASSENMUSIKANTEN
Livemusik schafft eine ganz eigene Stimmung in der Stadt. Dieser Kontrabassist steht auf einem Bürgersteig in Santiago de Cuba, der zweitgrößten Stadt auf der Insel Kuba. Straßenmusiker, die sich ein paar Münzen von Passanten verdienen wollen oder die Geld für wohltätige Zwecke sammeln, tun dies meist im Stadtzentrum, weil dort die meisten Leute unterwegs sind. U-Bahn-Stationen oder Unterführungen sind wegen ihrer Klangwirkung ebenfalls beliebt.

STEINERNER ENGEL
Diese Engelstatue steht auf der Engelsbrücke, die in Rom über den Tiber führt. Früher schmückte man die Städte meist mit Statuen von Göttern oder Sagengestalten. Seit dem 17. Jh. werden in Europa auf öffentlichen Plätzen sowie vor Brunnen und Palästen auch Statuen von Königen, Reitersoldaten, Heiligen und Helden aufgestellt. Im 20. Jh. kamen auch Statuen von ganz normalen Menschen sowie fantasievolle abstrakte Figuren hinzu.

GRAFFITIMALEREI

Wörter oder Bilder, die auf Mauern und Wände gemalt werden, heißen Graffiti. Neu ist das nicht, denn es gab schon Graffiti im Jahr 79 n. Chr. in der römischen Stadt Pompeji. Die Eigentümer der Wände sind oft nicht begeistert und kriminelle Jugendbanden markieren damit oft ihr Territorium. Vor rund 30 Jahren aber malten einige Teenager so fantasievolle Graffiti, dass sie als Kunst akzeptiert wurden. Otavio und Gustavo Pandolfo, bekannt als Os Gemêos („die Zwillinge"), wurden in São Paulo (Brasilien) so berühmt, dass sie inzwischen in andere Städte eingeladen werden.

Breakdancer in New York

STRASSENTANZ

Dieser akrobatische Straßentanz entwickelte sich um 1980 parallel zur Hip-Hop-Musik in New York. Er wird Breakdance, Breaking oder B-Boying genannt und verbreitete sich schnell in allen Städten weltweit. Die Geschichte des Straßentanzes reicht weit zurück. Neue Modetänze entwickelten sich oft in armen Stadtvierteln oder in Slums. Vor knapp 100 Jahren kam der Samba aus Rio de Janeiro (Brasilien), während gleichzeitig die feine Gesellschaft in Buenos Aires (Argentinien) vom Tango geschockt wurde.

BERÜHMTE KULTUREREIGNISSE

Sankt Petersburg (Russland) ist für sein Ballett berühmt, in Italien denkt man bei der Stadt Mailand sofort an die Oper. Eine ganz andere Art von Oper hat ihren Namen von der chinesischen Hauptstadt Peking. Ihre Wurzeln finden sich in vielen Regionen Chinas, aber sie wurde 1790 zum ersten Mal an Pekings Kaiserhof aufgeführt. Die Pekingoper erzählt meist eine Volkssage mit Helden, Schurken und Liebenden in Tanz und Bewegung, Worten, Gesang und Musik. Die Geschichten sind voller Abenteuer und nie realistisch.

Ein Mann spielt die Rolle der Qing Yi, eine der weiblichen Hauptrollen der Pekingoper.

Toukui
(Kopfschmuck)

Pekingoper

Ballspieler
der Maya

Sport

Öffentliche Bäder im alten Rom hatten einen Übungsbereich, in dem die Männer Gewichte hoben oder Ball spielten. Bei den Azteken hatte jede Stadt einen gepflasterten Platz für Ballspiele, der nach religiösen Regeln angelegt war. Sie spielten *Tlachtli*, eine Mischung aus Baseball und Volleyball. Manche Adligen verwetteten ihr gesamtes Vermögen auf das Ergebnis. Auch heute wird dem Sport eine große Bedeutung zugemessen, einige Städtenamen sind untrennbar mit Mannschaften verbunden wie den Boston Red Sox (Baseball), Manchester United und Real Madrid (Fußball) oder Toronto Maple Leafs (Eishockey). In anderen Städten gehört das Sportstadion unmittelbar zur Stadtgeschichte, so beispielsweise der Cricket Ground MCG im australischen Melbourne.

SPIELE IM ALTERTUM

In den antiken Städten waren Sportarten für viele Zuschauer nicht aus dem Stadtleben wegzudenken. Der Circus Maximus, ein Stadion für Wagenrennen in Rom, fasste 250 000 Zuschauer. In Mittelamerika wurden jahrhundertelang rituelle Ballspiele gespielt. Bei der Version der Maya, *Pitz* genannt, ging es im wahrsten Sinn des Wortes um Leben und Tod – die Verlierermannschaft wurde manchmal hingerichtet. Die Spieler trugen gepolsterte Kleidung, wie oben dargestellt, um sich vor dem 4 kg schweren, harten Gummiball zu schützen.

STADTMANNSCHAFTEN

Im Mittelalter spielten die Engländer eine frühe chaotische Form von „Fußball". Je nach Land entwickelten sich unterschiedliche Spielarten. Der englische Fußballverband (Football Association) setzte 1863 die Regeln des Verbandsfußballs auf. In Birmingham und Liverpool erlangte er große Beliebtheit und breitete sich weltweit aus. Viele große Fußballclubs stammen heute noch aus Industriestädten, wo sich massenweise Fans in riesige Stadien zwängen. Santos FC (hier weiß) ist der Verein der Hafenstadt Santos (Brasilien). Hier spielte der legendäre Fußballspieler Pelé von 1956 bis 1974.

Arc de Triomphe
in Paris

DAS GROSSE RENNEN

Zehntausende von Menschen nehmen jedes Jahr an Stadtmarathons teil. Der Name stammt von einem Lauf, den ein Soldat in Griechenland im Jahr 490 v. Chr. zurückgelegt haben soll, und zwar über 42,195 km vom Schlachtfeld bei Marathon bis Athen. Berühmt sind v. a. die Marathons von New York, Paris und London. Beim Paris-Marathon laufen die Teilnehmer an berühmten Sehenswürdigkeiten wie dem Eiffelturm, dem Arc de Triomphe und der Kathedrale Notre-Dame vorbei. Teilnehmen kann jeder, Berufssportler oder Amateur, der einfach nur beweisen will, dass er die Strecke schafft.

OLYMPIASTÄDTE

Die Stadtstaaten im alten Griechenland veranstalteten große Sportwettkämpfe, die den Göttern geweiht waren. Die Olympischen Spiele der Antike fanden seit mindestens 776 v. Chr. bis 393 n. Chr. statt. 1894 wurde die Idee wieder aufgenommen und seither finden sie alle vier Jahre in einer anderen Stadt auf der Welt statt. Sportler können sich bei dieser Gelegenheit mit den besten Gegnern messen, Städte kurbeln dadurch den Tourismus an und bauen neue Sportstätten. Und die Fans (hier Australier bei den Olympischen Spielen von Sydney im Jahr 2000) können den besten Sportlern der Welt zusehen und die Teilnehmer aus ihrem Land unterstützen.

VON A NACH B

Sportarten wie Parkour und Freerunning lassen sich nur in Städten ausüben. Parkour entstand um 1980 in Frankreich. Es geht darum, die Hindernisse auf einer bestimmten Route durch die Stadt mit möglichst wenigen und fließenden Bewegungen zu überwinden. Man kann laufen, über Mauern klettern, springen, Überschläge machen oder krabbeln. Freerunning ist die akrobatische und spektakuläre Version von Parkour. Beide Sportarten nutzen die natürlich vorkommenden Hindernisse in den Städten und trainieren dabei Kraft, Schnelligkeit und Gleichgewicht. Sie sind inzwischen in vielen Städten der Welt äußerst populär.

HEXENKESSEL

Einige Städte, von Indianapolis bis Le Mans, sind die Heimat berühmter Rennstrecken für Autorennen. Der Große Preis von Monaco, eins von vielen Rennen der Formel 1 (F1), wird seit 1929 veranstaltet. Hier fahren die Rennwagen tatsächlich auf den Straßen von Monte Carlo, die dann für den normalen Verkehr gesperrt werden. Die enge Strecke führt entlang des berühmten Mittelmeerhafens und ist nicht für F1-Rennen gebaut. Die Haarnadelkurven und der Straßentunnel machen sie zu einer der schwierigsten Rennstrecken der Welt.

Seitlicher Überschlag beim Parkour

Feiertage und Feste

Gefeiert wird überall, aber besonders in den quirligen Städten entstanden viele einzigartige Feste, von denen manche inzwischen auf der ganzen Welt bekannt sind. Eins davon ist der Mardi Gras – der Karneval in New Orleans (Louisiana, USA), der von den Einheimischen und den Touristen gefeiert wird. Viele Feiertage haben einen religiösen Ursprung. In Babylon gab es ein Frühlingsfest mit Musik und Gesang, das *Akitu*, das 12 Tage dauerte. Im alten Rom wurden im Dezember zu Ehren des Gottes Saturn die Saturnalien veranstaltet. In christlich geprägten Städten wurden im mittelalterlichen Europa die Namenstage der Heiligen oder die Karwoche mit Feiertagen und Prozessionen begangen. Die Feste entwickelten mit der Zeit auch weltliche Aspekte. Alle Menschen, unabhängig von ihrem Stand, konnten an diesen Tagen entspannen und ihre täglichen Verpflichtungen ruhen lassen.

VENEZIANISCHE MASKE
Das lateinische Wort Karneval bedeutet „Fleisch, lebe wohl". Ursprünglich war es die Gelegenheit, sich vor der langen Fastenzeit noch einmal richtig satt zu essen. Später wurde auch getanzt, die Leute zogen Kostüme an und verbargen sich und ihre gesellschaftliche Stellung hinter Masken. In Venedig (Italien) gab es die schönsten Masken (oben). Heute noch strömen Tausende Maskierte zum Karneval in die Lagunenstadt.

KARNEVALSZUG IN RIO
Die vielleicht berühmteste Stadt des Karneval ist Rio de Janeiro (Brasilien). Das ausgelassene Fest geht bis auf das Jahr 1720 zurück. Heute wird ein riesiger Karnevalszug veranstaltet, zu dem laute Sambarhythmen erklingen. Viele der Teilnehmer in ausgefallenen Kostümen mit Kopfschmuck sind Mitglieder von rivalisierenden Sambaschulen. Dieser Festwagen ist wie ein Schiff gestaltet und wird von „Schwimmern" begleitet.

GANESH CHATURTHI
Das 10-tägige Fest der Hindus, das im August oder September beginnt, wird zu Ehren des Gotts Ganesha gefeiert. Er ist der elefantenköpfige Sohn von Shiva und Parvati. Die Menschen beten und opfern vor einer Statue von Ganesha. Eine beliebte Speise sind die süßen, kugeligen *Modak*. Am Ende wird die Statue in einen Fluss oder ins Meer getaucht. Besonders populär ist das Fest in Mumbai (oben), aber es wird in vielen Teilen Indiens gefeiert.

FLAMENCO IN SEVILLA

Die *Feria de Sevilla* in der Hauptstadt von Andalusien (Spanien) findet im April am Westufer des Flusses Guadalquivir statt. Eine Woche lang sind dort Reiter und Kutschen unterwegs. Die bekannten Familien der Stadt tragen die traditionelle Kleidung – die Männer breitkrempige Hüte, die Frauen Rüschenkleider in leuchtenden Farben. Gitarristen spielen feurige Flamenco-Melodien in den Pavillons, den *casetas,* und es wird dazu gesungen und getanzt.

Frauen tanzen in traditionellen Flamenco-Kleidern.

DAS FEST DER GRÜNEN INSEL

Nationalfeiertage werden oft mit Paraden und Musikkapellen gefeiert. Die Republik Irland ehrt ihren Schutzheiligen St. Patrick (um 387–461 n. Chr.) jedes Jahr am 17. März mit einem Feiertag. Gemeinden irischer Auswanderer zeigen im Ausland oft die größte Begeisterung. Die Straßen von New York (USA) werden bei der Parade am St. Patrick's Day von rund 2 Mio. Menschen gesäumt, in Chicago wird sogar der Fluss in Grün, der Farbe Irlands, gefärbt.

Spektakulär kostümierter Mann auf einem Festwagen

Der Festwagen der Sambaschule Vila Isabel zieht auf dem Festplatz Sambadrom in Rio de Janeiro ein.

Turm aus süßen Buns an einem Bambusgerüst

Die Teilnehmer sammeln Buns.

GLÜCKSBRÖTCHEN

Die Insel Cheung Chau gehört zu Hongkong. Jedes Jahr, meist Anfang Mai, wird der Meeresgott Pak Tai – der der Sage nach die Insel vor der Pest beschützte – mit einem Fest geehrt. Drei Tage wird kein Fleisch gegessen. Die Straßen vibrieren vom Klang der Trommeln und Gongs. In Heldenkostüme gekleidete Kinder werden bei einer Parade an Stangen über die Menge erhoben. Um Mitternacht erklettern junge Männer die Türme aus gedämpften *Buns.* Wer die „Glücksbröt-chen" ganz oben erringt, erwirbt Glück für seine Familie im kommenden Jahr.

Eine Stadt schläft nie

Großstädte kommen niemals zur Ruhe. Im Gegensatz zu kleineren Städten herrscht dort an sieben Tagen in der Woche rund um die Uhr Betrieb. In den meisten Städten gibt es Viertel, in denen Kneipen, Theater und Restaurants bis spät in die Nacht geöffnet haben, sodass sich die Leute dort treffen, einen Happen essen und sich amüsieren können. Viertel wie das Londoner West End, das French Quarter in New Orleans oder die Ginza in Tokio sind auch für Touristen und andere Besucher sehr attraktiv. Die Geschäftsviertel erscheinen nachts zwar verlassen, doch auch hier sind Menschen fleißig: Sie reinigen U-Bahn-Stationen, bewachen Gebäude und arbeiten an Hotelrezeptionen. In vielen Fabriken läuft die Produktion ebenfalls in mehreren Schichten rund um die Uhr.

NACHTSCHWÄRMER

Der Maler Edward Hopper (USA) nannte sein berühmtes Bild aus dem Jahr 1942 *Nighthawks* (*Nachtschwärmer*), also Menschen die spät nachts noch unterwegs sind. *Nighthawks* zeigt ein Café an einer Straßenecke in Greenwich Village, einem Stadtviertel von New York, zu später Stunde. Nur noch drei Gäste sitzen im grellen Licht an der Theke, während die Straßen verlassen sind. Das Bild stellt die traurige, einsame Seite des Lebens in der Stadt dar. So kann man sich nachts fühlen, wenn die meisten Leute nach Hause gegangen sind.

VOLL DAS LEBEN

Laute Musik und spektakuläre Lasershows heizen die Stimmung in einer Diskothek in Birmingham (England) auf. Nachtklubs, Konzerthallen, Theater, Kinos und Restaurants beleben die Städte. Jede bemüht sich darum, ein tolles Nachtleben zu bieten, weil es viele Leute anlockt. Sie geben ihr Geld aus und sichern Arbeitsplätze und Einnahmen. Fast überall regeln Gesetze den Unterhaltungsbetrieb. Religiöse Vorschriften verbieten etwa in Dubai (Vereinigte Arabische Emirate) das Tanzen und laute Musik in der Öffentlichkeit. In vielen Städten gibt es Sperrstunden, zu denen die Lokale schließen. In Krisenzeiten wird sogar eine Ausgangssperre verhängt, sodass die Menschen abends ab einer bestimmten Zeit zu Hause bleiben müssen. Ein Nachtleben ist dann unmöglich.

An diesem Schild erkennt man Taxis.

NACHTSCHICHT

Taxis warten an einem Taxistand in Istanbul (Türkei). Wenn die öffentlichen Verkehrsmittel nachts nicht mehr fahren, sind in den Städten zahlreiche Taxis unterwegs, die Schichtarbeiter, Partygäste und andere Nachteulen nach Hause bringen. Reinigungs- und Sicherheitskräfte, Fabrikarbeiter und Callcenter-Angestellte, Krankenpfleger, Ärzte und viele andere arbeiten oft in Nachtschichten. Man gewöhnt sich zwar an die unregelmäßigen Arbeitszeiten, aber sie wirken sich ungünstig auf den natürlichen Schlafrhythmus und das Familienleben aus.

NACHTLICHTER

Die ersten elektrischen Straßenbeleuchtungen gab es um 1870 in Paris und London. Die Helligkeit brachte mehr Sicherheit und half den Menschen, sich im Dunkeln besser zurechtzufinden. Heute ist es nachts in der Stadt heller denn je. Elektrisches Licht dringt aus Wohnungen, Büros, von Autoscheinwerfern und Werbeanzeigen. Das orangefarbene Leuchten am Nachthimmel über Shanghai (China) stammt hauptsächlich von ungerichteten Straßenlaternen, die nach oben ebenso viel Licht abgeben wie nach unten. Zu viel Licht ist eine Art von Umweltverschmutzung, weil es Vögel, Nachtinsekten und andere Tiere stört. Außerdem können wir Menschen die Sterne nicht mehr sehen. Deshalb liegen astronomische Observatorien meist weit von Städten entfernt. Das Licht stört auch unseren Schlafrhythmus und wirkt sich so ungünstig auf die Gesundheit aus.

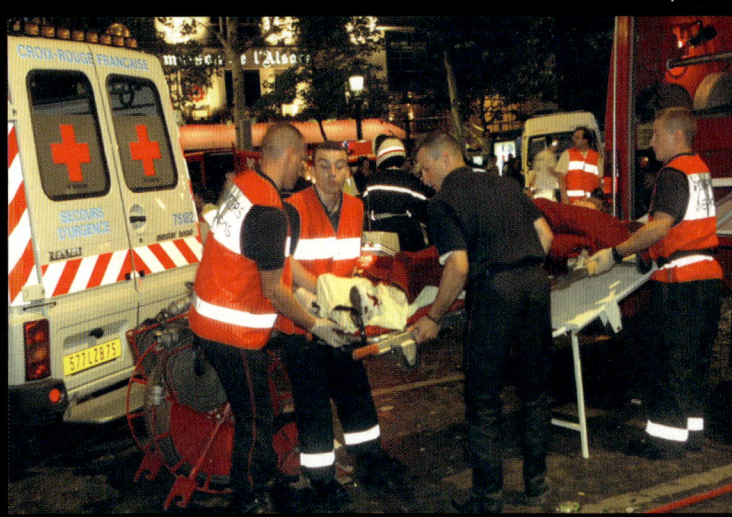

NOTRUF

Notfälle gibt es überall, aber in der Stadt, in der rund um die Uhr Autos fahren, kommt es gerade nachts zu vielen Unfällen. Diese Rettungsmannschaft kümmert sich um einen nächtlichen Unfall in Paris. An Festtagen, wenn die Menschen bis tief in die Nacht hinein feiern, passieren die meisten Unfälle. In Edinburgh und Glasgow (Schottland) wird der Rettungswagen nach Silvesterfeiern am Neujahrsmorgen zwischen 2 und 4 Uhr am häufigsten gerufen. Auch andere Rettungsdienste müssen immer in Bereitschaft sein, z. B. um Brände zu löschen oder Verbrechen zu untersuchen.

RUND UM DIE UHR EINKAUFEN

Immer mehr Geschäfte und Supermärkte sind rund um die Uhr geöffnet. Für Menschen, die tagsüber keine Zeit zum Einkaufen haben oder die nachts um drei Uhr noch ein Sandwich kaufen wollen, ist das praktisch. Aber in vielen Ländern oder Städten gibt es Gesetze, die die Öffnungszeiten einschränken, entweder um die Nachtruhe nicht zu stören oder aus religiösen Gründen.

Kampf den Elementen

Städte liegen im Hochgebirge und auf flachen Inseln, in schwülen Tropengebieten ebenso wie auf Inseln nördlich des Polarkreises. Oft herrscht extremes Klima mit jahreszeitlich bedingten Regenfällen und Überflutungen, Sandstürmen, Tornados, heftigen Schneefällen oder großer Hitze. In gefährdeten Zonen gibt es Schutzräume vor Tornados, erdbebensichere Gebäude oder starke Dämme. Die Bauweise richtet sich nach dem Klima. In Regengebieten braucht man geneigte Dächer und Regenrinnen, in Schneegebieten verstärkte Dächer und in heißen Regionen Vordächer und Fensterläden. Lebensweise und Kleidung, ja sogar die Arbeitszeiten werden vom Klima beeinflusst. In Spanien, wo große Mittagshitze herrscht, unterbrechen die Menschen ihre Arbeit und halten Siesta – Mittagsruhe.

Öffnungen sorgen für Luftzug im Turm.

NATÜRLICHE KLIMAANLAGE
Klimaanlagen sorgen zwar für angenehm kühle Temperaturen, verbrauchen aber sehr viel Strom. Menschen haben schon immer natürliche Mittel eingesetzt, um die Gebäude bei Hitze abzukühlen. Die traditionelle Bauweise im Iran setzt z. B. natürliche Windtürme, *badgire* (oben) ein. Die hohen Aufbauten fangen auch den leisesten Windhauch ein und leiten ihn ins Gebäude, um die Luft kühl zu halten. Dabei helfen oft auch Kuppeln, Innenhöfe, Wasserbecken und unterirdische Aquädukte. Am Ende entweicht die Luft durch einen weiteren Schacht.

AUF WASSER GEBAUT
Venedig (Italien) liegt, verteilt über mehr als 100 kleine Inseln, in einer Lagune der Adria. Die Stadt wird mehrmals im Jahr überflutet. Bei Hochwasser laufen die Menschen auf erhöhten Gehwegen durch die Straßen. 2014 soll ein neues Deichsystem fertiggestellt sein. Manche Experten befürchten jedoch, dass auch die neuen Deiche und Sperrwerke die Stadt nicht schützen werden, wenn der Meeresspiegel aufgrund des Klimawandels weiter steigt.

SCHNEERÄUMEN
Die kanadische Hauptstadt Ottawa hat heiße Sommer mit Temperaturen bis 30 °C, aber auch lange Winter, in denen es bis −30 °C kalt werden kann. Manchmal liegt die geschlossene Schneedecke 4 Monate lang. Schneepflüge mit Gebläsen räumen hohe Schneeverwehungen von den Straßen und Gehwegen und blasen den Schnee auf Lastwagen. Gebäude und Rohre sind gut isoliert, damit sie nicht einfrieren. Die Menschen laufen gern Schlittschuh auf dem zugefrorenen Rideau-Kanal.

IN GROSSER HÖHE
El Alto (spanisch für „die Höhe") ist ein Stadtviertel in La Paz, der wichtigsten und größten Stadt von Bolivien in den Anden. Der höchste Punkt von El Alto liegt auf 4150 m Höhe. So weit oben ist der Sauerstoff bereits so knapp, dass sich dies auf den Körper auswirkt. Im Lauf der Generationen haben sich die meisten der 2,3 Mio. Einwohner von La Paz angepasst. Ihr Körper kann der dünnen Luft mehr Sauerstoff entnehmen. Besucher haben jedoch anfangs meist Schwindelgefühle, Kopfschmerzen und Übelkeit, bis sie sich akklimatisiert haben – dieser Zustand wird als Höhenkrankheit bezeichnet.

RAUCH UND NEBEL
Natürliche und vom Menschen verursachte Verschmutzung beeinträchtigen das Leben in Städten. Smog entsteht, wenn Staub oder chemische Stoffe aus Abgasen mit der Sonnenstrahlung reagieren. Er tritt am schlimmsten in tiefen Beckenlagen auf, wo die Teilchen kaum vom Wind weggeweht werden. Smog behindert die Sicht und verursacht Atembeschwerden, Krebs und andere Krankheiten. Bei schlimmem Smog schützen sich Stadtbewohner wie diese Frau in Peking mit Atemmasken.

STADT AM FLUSS
Die Stadt Iquitos (Peru) ist nur über den Amazonas oder auf dem Luftweg zu erreichen. Sie liegt etwa 3000 km vom Atlantik entfernt im Amazonastiefland. Hierher führt keine Straße. Das feuchte tropische Klima lässt Gummibäume gut gedeihen, deshalb boomt die Stadt seit 100 Jahren. Vorräte gelangen per Boot und Fähre in die Stadt. Von Dezember bis Mai fällt sehr viel Regen, doch in der Trockenzeit sinkt der Flusspegel um etwa 12 m, sodass die Schiffe Schwierigkeiten haben, die Stadt zu erreichen.

In der Gefahrenzone

Die Menschen, die die ersten Städte bauten, wollten vor allem ein sicheres Zuhause haben. Dennoch wurden Städte oft an gefährlichen Orten errichtet, beispielsweise in Erdbebengebieten. Mitten durch den US-amerikanischen Bundesstaat Kalifornien verläuft die San-Andreas-Verwerfung, eine tiefe Spalte in der Erdkruste. 1906 kamen bei einem Erdbeben in San Francisco über 3000 Personen ums Leben, weil durch kaputte Gasleitungen zahlreiche Brände entstanden. Einige Städte liegen in der Nähe von Vulkanen, die jederzeit ausbrechen können. Viele Hafenstädte werden regelmäßig von Hurrikanen oder Flutwellen heimgesucht. In all diesen Fällen überwiegen für die Bewohner die Vorteile des Stadtlebens. Sie meinen, dass es das Risiko wert ist, wenn sie dafür gutes Land oder den besten Hafen besitzen.

BRANDURSACHEN

Manche Katastrophen werden nicht durch Naturkräfte, sondern die Bauweise ausgelöst. Strohdächer, Holzhäuser und enge Straßen waren früher daran schuld, dass Brände sich rasch ausbreiten konnten. 1666 zerstörte ein 5-tägiger Brand in London (oben) 13 200 Häuser, 89 Kirchen und eine Kathedrale. Heute entstehen weniger Schäden – dank feuerfester Baumaterialien und der Feuerwehr.

Maske mit stark duftenden Kräutern zum Schutz vor der Pest

Der Wachsmantel sollte die Krankheit fernhalten.

SEUCHEN UND EPIDEMIEN

Pestepidemien, verbreitet durch Rattenflöhe, forderten zwischen dem 14. und 18. Jh. in Asien und Europa Millionen von Opfern. Venedig als wichtige Hafenstadt im 16. Jh. war besonders betroffen, da Schiffe die Krankheit einschleppten. 1577 starben fast 50 000 Menschen, denn die Pest breitete sich wegen der unhygienischen, beengten Lebensverhältnisse rasch aus.

DAS GROSSE BEBEN

Erdbeben sind sehr schwer vorherzusagen. Das große Hanshin-Erdbeben von 1995 tötete 6434 Menschen und verursachte Schäden in Höhe von 103 Mrd. US-Dollar. Das Erdbeben, dessen Epizentrum in der Nähe der Stadt Kobe (Japan) lag, zerstörte sogar eine Hochstraße. Bauingenieure können mithilfe neuer Technologien Häuser bauen, die Erdstößen widerstehen, aber in ärmeren Regionen mit schlecht gebauten Häusern sterben oft sehr viele Menschen.

VULKANAUSBRUCH

Als im Jahr 79 n. Chr. der Vulkan Vesuv (Italien) ausbrach, zerstörte er die Städte Pompeji und Herculaneum. Inzwischen gab es rund 40 Ausbrüche, zum letzten Mal 1944. Menschen siedeln aber weiterhin in diesem gefährlichen Gebiet, weil der Boden rund um Vulkane besonders fruchtbar ist. Seit 1944 hat die Bevölkerung in der Bucht von Neapel stark zugenommen. Die Stadtverwaltung versucht, die Menschen zum Verlassen der am meisten gefährdeten Zonen zu bewegen. Sollte der Vesuv erneut ausbrechen, müssten 600 000 Personen in kürzester Zeit evakuiert werden.

Wolke aus Vulkan-
asche und -gestein
über der Bucht von
Neapel, 1944

Gerahmtes Familien-
porträt, gerettet aus
einem überfluteten
Haus in New Orleans

ALS DIE DÄMME BRACHEN

New Orleans in Louisiana (USA) hat knapp 1,2 Mio. Einwohner. Die Stadt am Ufer des Mississippi liegt unterhalb des Meeresspiegels und zudem in einer Hurrikanschneise. Hohe Dämme sollen sie vor Überflutungen schützen. Im Jahr 2005 fegte der Hurrikan Katrina über das Gebiet hinweg und verursachte eine Sturmflut, die den Meeresspiegel ansteigen ließ. Die fast 9 m hohe Flutwelle durchbrach die Dämme und überflutete New Orleans. 1 Million Menschen flohen aus der Stadt. Diejenigen, die zurückgeblieben waren, ertranken, als die schlammige Flut ihre Häuser verschlang, oder mussten auf ihren Hausdächern auf Rettung warten. Weite Gebiete waren ohne Strom. Katrina forderte insgesamt 1836 Menschenleben.

GRÖSSTER ANZUNEHMENDER UNFALL

Manche Städte werden in der Nähe von gefährlichen Industriebetrieben als Wohn- ort für die Beschäftigten gebaut. Wenn ein Unfall passiert, schweben die Bewohner in großer Gefahr. In der Kleinstadt Pripjat bei Tschernobyl in der Ukraine (damals Teil der Sowjetunion) wohnten die Mitarbeiter des dortigen Kernkraftwerks. Als 1986 einer der Reaktoren explodierte, wurden große Mengen radioaktiven Materials in die Luft geschleudert. Einige Arbeiter wurden sofort getötet, Tausende weitere starben in den folgenden Jahren an der Strahlenkrankheit. Die Stadt wurde sofort nach der Katas- trophe aufgegeben. Auch bei den von Erdbeben verursachten Reaktorunfällen 2011 in Japan wurde hohe Radioaktivität freigesetzt, sodass eine Evakuierungszone um das Kraftwerk eingerichtet wurde.

Kernkraftwerk Tschernobyl hinter der Stadt Pripjat.

Städte der Zukunft

Im 21. Jahrhundert werden die Städte weiterhin wachsen, bis wohl um 2100 der Höhepunkt erreicht ist. Dann werden wahrscheinlich drei Viertel der Weltbevölkerung in Städten wohnen – vorausgesetzt, die Städte bleiben attraktive Wohnorte, bieten Arbeitsplätze und hohe Lebensqualität. Vielleicht wird es den Städten durch Überflutungen und Dürren aufgrund des Klimawandels aber auch schlechter gehen. Mit wachsender Bevölkerung werden Wasser, Lebensmittel und Rohstoffe wie Öl knapp, sodass soziale Konflikte oder sogar Kriege ausbrechen könnten. Die Zukunft der Städte hängt nicht nur von neuen Technologien ab, sondern auch davon, ob die Menschheit es schafft, vorauszuplanen und sich an die Veränderungen anzupassen.

Die Kabine lässt sich um 360° drehen.

Singapur-Dollar

NEUE STADTSTAATEN?
Globale Städte wie London, New York und Hongkong ähneln einander viel mehr als die Länder, in denen sie liegen. Die globalisierte Wirtschaft, blitzschnelle Kommunikation und eine multikulturelle Bevölkerung führen zu immer stärkerer Angleichung. Singapur ist das Paradebeispiel eines globalisierten Stadtstaats. Die rund 5 Mio. Einwohner stammen aus China, Indien, Malaysia und Europa und die international ausgerichtete Wirtschaft wächst rasant. In Zukunft könnte es durchaus mehr Stadtstaaten nach diesem Vorbild geben.

MEGAREGIONEN
Städte wachsen nicht nur, weil Menschen vom Land in die Stadt ziehen, sondern sie breiten sich selbst immer weiter aus und verschlingen Kleinstädte und Dörfer. Bereits heute verschmelzen Megastädte zu riesigen verstädterten Megaregionen. Auf diesem Satellitenbild sieht man die Städte Shenzhen, Guangzhou und Hongkong an der südchinesischen Küste. Das gesamte miteinander vernetzte Ballungsgebiet hat eine Bevölkerung von über 100 Mio. Menschen.

DIE STADT ALS AUSLAUFMODELL?
Manche Leute müssen gar nicht mehr in die Stadt fahren, um zu arbeiten. Mithilfe von E-Mail, schnellen Internetverbindungen und Videokonferenzen können die Leute zu Hause, auf dem Land und sogar im Urlaubshotel arbeiten. In Zukunft werden wir vielleicht wohnen können, wo wir wollen – auch an abgelegenen ruhigen Orten, sodass die Städte überflüssig werden.

WIR BRAUCHEN WASSER
Durch das schnelle Städtewachstum werden Rohstoffe zur Mangelware. In vielen Städten wie Chennai (früher Madras) in Tamil Nadu (Indien) ist das Wasser bereits knapp. In Chennai wird das Monsun-Regenwasser gespeichert und es werden Anlagen zur Entsalzung von Meerwasser gebaut. Wenn die Urbanisierung im heutigen Tempo oder sogar noch schneller voranschreitet, wird es für die Städte immer schwieriger, den riesigen Rohstoffbedarf zu decken.

DAS AUTO DER ZUKUNFT?

In den Science-Fiction-Comics aus der Mitte des 20. Jh. flitzten die Leute spätestens ab dem Jahr 2000 in privaten Gleitern durch die Städte, doch in Wirklichkeit kam alles anders. Wie sieht das Verkehrsmittel der Zukunft wirklich aus? Dies ist das Elektroauto Pivo 2, erdacht von Ingenieuren des japanischen Autoherstellers Nissan für dicht bevölkerte, verschmutzte Städte. Es kann sowohl vorwärts als auch seitwärts fahren, wird nur mit Elektrizität betrieben und stößt daher keine Abgase aus, während die Abgase von Benzin- und Dieselfahrzeugen Asthma, Bronchitis und Allergien auslösen können. Elektroautos müssen sich auf dem Markt erst noch durchsetzen – aber es ist sicher, dass zukünftige Autos ohne fossile Brennstoffe auskommen müssen.

Das Rad lässt sich um 90° drehen, sodass das Auto seitwärts fährt.

ZUKUNFTSFANTASIEN

Schriftsteller und Denker träumen seit Jahrtausenden von der idealen Stadt – entweder als Heimat für Götter und Helden oder als Triumph menschlicher Leistung und Technik. Allerdings gibt es auch Vorstellungen von der Stadt als düsterer, seelenloser Ort. Science-Fiction-Autoren beschreiben die zukünftigen Möglichkeiten. In dem berühmten deutschen Film *Metropolis* (1927) des Regisseurs Fritz Lang wird eine zukünftige Megastadt gezeigt, in der arme Arbeiter in unterirdischen Fabriken schuften, während eine kleine Gruppe von reichen Leuten in hohen Wolkenkratzern Licht und Luxus genießt.

Filmplakat für Metropolis

Das Gebäude imitiert natürliche Formen.

DIE GRÜNE STADT

Mit neuer Technologie schaffen Stadtplaner und Architekten bessere Entwürfe für die Zukunft. Diese geplante, von außen unabhängige Stadt soll südlich der südkoreanischen Hauptstadt Seoul zwischen Hügeln und Seen gebaut werden. Sie bietet Wohnraum für 77 000 Menschen und dazu Flächen für Büros, Läden, große Hallen, Schulen und Parkplätze. Die Terrassen am Außenrand der runden Gebäude werden von oben nach unten von einem Zirkulationssystem bewässert. Vielleicht sehen zukünftige Städte so aus.

Das Projekt Gwanggyo Power Centre in Seoul (Südkorea)

Die begrünten Türme gleichen den umliegenden Parkflächen.

Leerräume sorgen für Licht und Belüftung.

Jeder Ring hat eine Terrassenfläche, wo sich die Bewohner aufhalten können.

Die Top Ten unter den Städten

Die beste Infrastruktur

Wirtschaftsunternehmen siedeln ihre Niederlassungen gern an für sie geeigneten Orten an. Die Firma Mercer erstellt jedes Jahr eine Vergleichsstudie über die Lebensqualität in Städten. Bewertet werden auch Umweltverträglichkeit und Infrastruktur. Die hier genannten Städte hatten 2009 die beste Infrastruktur (Verkehrswege, Strom- und Wasserversorgung sowie Kommunikation). Da eine gute Infrastruktur teuer ist, liegen diese Städte eher in Industrieländern.

Minato Mirai 21 Stadtentwicklungsprojekt in Yokohama (Japan)

1. SINGAPUR
2. MÜNCHEN, DEUTSCHLAND
3. KOPENHAGEN, DÄNEMARK
4. TSUKUBA, JAPAN
5. YOKOHAMA, JAPAN
6. DÜSSELDORF, DEUTSCHLAND
7. VANCOUVER, KANADA
8. FRANKFURT, DEUTSCHLAND
9. HONGKONG, CHINA
10. LONDON, GROSSBRITANNIEN

SkyTrain, Vancouver

Die höchste Lebensqualität

Was macht das Leben in einer Stadt angenehm? Die Atmosphäre kann man ja leider nicht messen! Mercer bewertet 39 Kriterien, z. B. politische Stabilität und Lebenshaltungskosten, aber auch die Qualität der Freizeiteinrichtungen, Wohnungen, medizinischen Versorgung und Bildung. Die beste Stadt in den USA ist Honolulu (Hawaii) auf Rang 31, in Großbritannien ist es London auf Rang 39. Städte mit gleicher Punktzahl belegen denselben Rang.

1. WIEN, ÖSTERREICH
2. ZÜRICH, SCHWEIZ
3. GENF, SCHWEIZ
4. VANCOUVER, KANADA
5. AUCKLAND, NEUSEELAND
6. DÜSSELDORF, DEUTSCHLAND
7. FRANKFURT, DEUTSCHLAND
8. MÜNCHEN, DEUTSCHLAND
9. BERN, SCHWEIZ
10. SYDNEY, AUSTRALIEN

Einkaufsbummel in Wien

Strand bei Auckland, der „Stadt der Segel"

Die grünsten Städte

Stadtplaner müssen bei ihrer Planung auch die Umweltverträglichkeit berücksichtigen. Die Vergleichsstudie der Firma Mercer über die „Top-Öko-Städte" im Jahr 2010 berücksichtigt Faktoren wie Sauberkeit des Trinkwassers, Qualität der Abwasserkanalisation und Verkehrsfluss. Bewertet wird, wie viel erneuerbare Energie aus Sonne, Wind und Gezeiten genutzt werden sowie der Grad der Luftverschmutzung und des Lärms. Städte mit der gleichen Punktzahl belegen denselben Rang.

Wohnviertel in Helsinki

1. CALGARY, KANADA
2. HONOLULU, USA
=3. OTTAWA, KANADA
=3. HELSINKI, FINNLAND
5. WELLINGTON, NEUSEELAND
6. MINNEAPOLIS, USA
7. ADELAIDE, AUSTRALIEN
8. KOPENHAGEN, DÄNEMARK
=9. KOBE, JAPAN
=9. OSLO, NORWEGEN

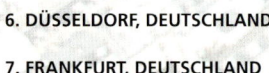

Die teuersten Städte

Wo auf der Welt ist es am teuersten? Die Firma ECA International erstellt jährlich eine Übersicht der Städte mit den höchsten Lebenshaltungskosten für Besucher. Sie berücksichtigt Dinge, die man täglich braucht, wie Essen, Kleidung und Unterhaltung. In dieser Liste des Jahres 2010 finden sich hauptsächlich Städte in den reichsten Ländern der Welt. Die Überraschung ist sicher Luanda auf Rang 3. Angolas Ölreserven brachten ausländische Investoren in die Stadt. Für sie ist es sehr teuer, in dieser vom Krieg mitgenommenen Stadt ihren luxuriösen Lebensstil aufrechtzuerhalten.

1. TOKIO, JAPAN

2. OSLO, NORWEGEN

3. LUANDA, ANGOLA

4. NAGOYA, JAPAN

5. YOKOHAMA, JAPAN

6. STAVANGER, NORWEGEN

7. KOBE, JAPAN

8. KOPENHAGEN, DÄNEMARK

9. GENF, SCHWEIZ

10. ZÜRICH, SCHWEIZ

Einkäufer in einem Supermarkt in Tokio

Die größte Bevölkerung

Dies sind die zehn Ballungsräume mit den höchsten Einwohnerzahlen weltweit (alle Angaben in Millionen). Die Statistik beruht auf Vermessungsdaten und Satellitenbildern, die zeigen, wie viel Fläche laufend neu bebaut wird. Die Liste spiegelt sowohl den Zuzug der Landbevölkerung als auch die Entstehung von Megastädten (S. 30–31) wider, die sich bilden, wenn Städte sich ausdehnen und miteinander verschmelzen. Sieben der zehn Städte liegen in Asien, die übrigen drei in Nord- und Südamerika.

1. TOKIO-YOKOHAMA, JAPAN (35,2 Mio.)

2. JAKARTA, INDONESIEN (22)

3. MUMBAI, INDIEN (21,25)

4. DELHI, INDIEN (20,99)

5. MANILA, PHILIPPINEN (20,79)

6. NEW YORK, USA (20,61)

7. SÃO PAULO, BRASILIEN (20,18)

8. SEOUL-INCHEON, SÜDKOREA (19,91)

9. MEXICO CITY, MEXIKO (18,69)

10. SHANGHAI, CHINA (18,4)

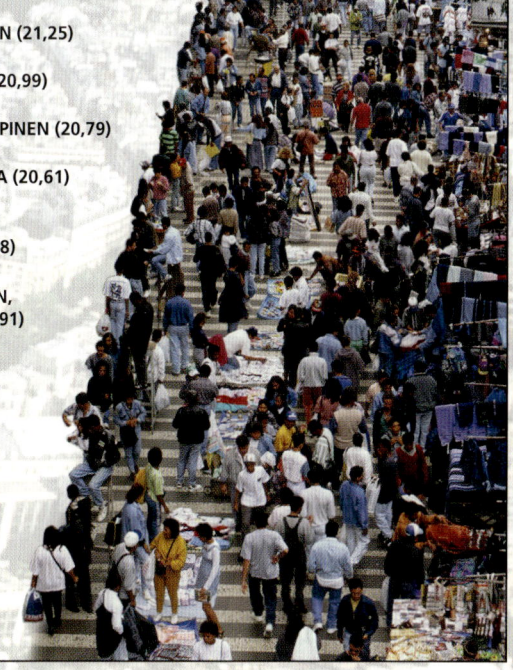

Gedränge in São Paulo

Die höchstgelegenen Hauptstädte

Manche Hauptstädte liegen hoch über dem Meeresspiegel im Gebirge oder auf Hochebenen, weil eine solche Lage strategisch sehr günstig sein kann. La Paz ist zwar nicht die Hauptstadt von Bolivien – das ist Sucre –, aber die Stadt ist der Regierungssitz des Landes. Diese Liste enthält nur nationale Hauptstädte. Regionale Hauptstädte wie Lhasa (Tibet, Höhe 3490 m) sind nicht aufgeführt.

1. LA PAZ, BOLIVIEN 3630 m

2. QUITO, ECUADOR 2819 m

3. THIMPHU, BHUTAN 2736 m

4. BOGOTÁ, KOLUMBIEN 2644 m

5. ADDIS ABEBA, ÄTHIOPIEN 2408 m

6. ASMARA, ERITREA 2374 m

7. SANAA, JEMEN 2253 m

8. MEXIKO-STADT, MEXIKO 2216 m

9. KABUL, AFGHANISTAN 1807 m

10. NAIROBI, KENIA 1728 m

Trashi Chhoe Dzong, der Sitz der Regierung von Bhutan, in Thimphu

Sehenswürdigkeiten

Mit vielen Städtenamen verbinden wir weltbekannte Wahrzeichen und Gebäude. Für Besucher sind sie nützliche Orientierungspunkte. Die Stadtverwaltung und das Touristikbüro verwenden sie für ihre Werbung. Einige geben einen Eindruck davon, wie die Stadt früher einmal ausgesehen hat. Viele, wie die Pyramiden von Giseh, sind bedeutende archäologische Fundstätten, andere haben religiöse oder symbolische Bedeutung. Wieder andere, wie das Opernhaus in Sydney, sind wegen ihrer Architektur berühmt.

FREIHEITSSTATUE, NEW YORK, 1886
Sie ist das Symbol für Freiheit. Die 93 m hohe Statue wurde den USA zu ihrem 100. Geburtstag von Frankreich geschenkt.

EIFFELTURM, PARIS, 1889
Der Turm aus Eisen war bis 1930 das höchste Bauwerk. Er stellt eine Pionierleistung in der Konstruktion hoher Gebäude dar.

BRANDENBURGER TOR, BERLIN, 1791
Das ehemalige Stadttor, dessen Baustil von der griechischen Antike beeinflusst ist, ist heute das Symbol des vereinten Berlins und Deutschlands.

KOLOSSEUM, ROM, 80 n. Chr.
Dieses Amphitheater wurde auf Befehl von Kaiser Titus erbaut. Hier wurden unzählige blutige Gladiatorenkämpfe veranstaltet.

PARTHENON, ATHEN, 438 v. Chr.
Der Tempel mit der Schatzkammer von Athen steht auf der Akropolis, einem Felsplateau oberhalb der griechischen Hauptstadt. Er ist der Göttin Athene geweiht.

BLAUE MOSCHEE, ISTANBUL, 1616
Die Sultan-Ahmed-Moschee mit ihren zierlichen Minaretten und Kuppeln wird wegen der blauen Fliesen im Innenraum auch Blaue Moschee genannt.

GOLDENER TEMPEL, AMRITSAR, 1586–1604
Dieser Tempel, das zentrale Heiligtum der Sikhs, steht in der Mitte eines künstlichen Sees.

TIANTAN, PEKING, 1406–1420
Der wunderschöne Himmelstempel ist Teil eines großen Heiligtums in der chinesischen Hauptstadt.

MERLION, SINGAPUR, 1964
Diese Statue – halb Fisch, halb Löwe – ist der Schutzpatron und das Wahrzeichen des Stadtstaats.

**PALACIO DE BELLAS ARTES,
MEXIKO-STADT, 1904–1934**
Ein berühmtes Zentrum für
Theater, Oper, Ballett, Literatur
und Kunst.

**CHRISTUS DER ERLÖSER,
RIO DE JANEIRO, 1921–1931**
Die 38 m hohe Statue steht auf einem
Gipfel hoch über der Stadt.

BIG BEN, LONDON, 1859
Der Uhrturm der Houses of
Parliament in London ist unter
dem Namen seiner größten
Glocke bekannt.

BASILIUS-KATHEDRALE, MOSKAU, 1555–1561
Die berühmte Kathedrale der
russisch-orthodoxen Kirche mit ihren
bunten Zwiebeltürmen steht auf dem
Roten Platz in Moskau.

DIE GRÜNDER, KIEW, 1982
Der Legende nach segelten drei Brüder und
eine Schwester über den Dnjepr und gründeten
die heutige Hauptstadt der Ukraine.

FELSENDOM, JERUSALEM, 691–692 n. Chr.
Der achteckige Kuppelbau ist eins der
wichtigsten Heiligtümer des Islam.

PYRAMIDEN VON GISEH, um 2558–2532 v. Chr.
Die große Sphinx steht vor der riesigen
Chephren-Pyramide bei Giseh, einer
Begräbnisstätte der ägyptischen Pharaonen.

BURJ AL-ARAB, DUBAI, 1994
Das 321 m hohe Hotel hat die Form
des Segels einer traditionellen
arabischen Dau (ein Schiff).

TODAIJI-TEMPEL, NARA, 728 n. Chr.
Dieses größte Holzgebäude der Welt
gehört zu einem buddhistischen
Tempelkomplex in Japan.

OPERNHAUS, SYDNEY, 1973
Dieses Zentrum der darstellenden Künste am
Hafen von Sydney ist eins der berühmtesten
Meisterwerke der modernen Architektur.

CN TOWER, TORONTO, 1973–1976
Dieser Fernsehturm war bis 2007 der
höchste der Welt, doch dann wurde er
vom Burj Khalifa in Dubai übertroffen.

Wichtige Zahlen

Die Städte von heute sind größer, betriebsamer und reicher als je zuvor. Die Hochhäuser ragen mehrere Hundert Meter in den Himmel. Viele Fachleute und Unternehmen interessieren sich sehr für Daten über Städte. Sie brauchen Informationen über Bevölkerungszahl und -dichte, Wirtschaft, Infrastruktur, Bebauung, Verkehr, Kriminalität und viele weitere Dinge. Historiker untersuchen anhand solcher Daten die Veränderungen im Lauf der Jahrzehnte und Jahrhunderte. Stadtplaner versuchen, mithilfe der Daten den Bedarf für die Zukunft abzulesen und entsprechend zu planen. Firmen entscheiden, was sie wann und wo herstellen und verkaufen.

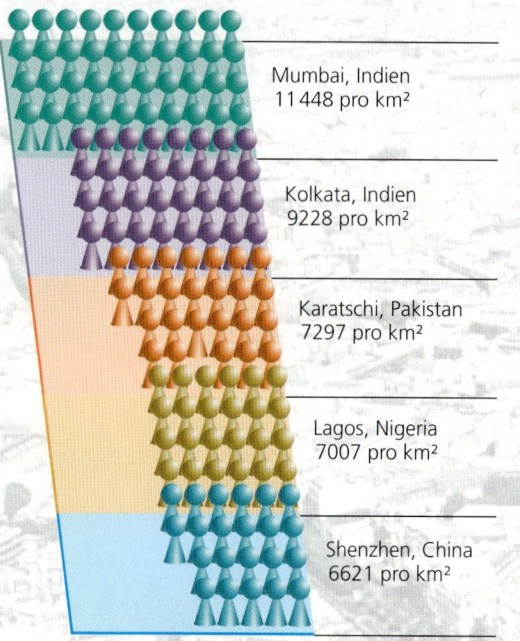

Mumbai, Indien
11 448 pro km²

Kolkata, Indien
9228 pro km²

Karatschi, Pakistan
7297 pro km²

Lagos, Nigeria
7007 pro km²

Shenzhen, China
6621 pro km²

Bevölkerungsdichte: Einwohner
pro Quadratkilometer im Jahr 2007

BEVÖLKERUNGSEXPLOSION
Die Bevölkerungsdichte gibt an, wie viele Menschen auf einer bestimmten Fläche, z. B. einem Quadratkilometer, leben. Viele Faktoren tragen zur Dichte bei. Die Stadt Lagos liegt auf einer Insel und kann sich nicht weiter ausbreiten. Der wichtigste Faktor ist jedoch der Zuzug von Menschen aus ländlichen Gebieten, die in der Stadt auf Arbeit und ein höheres Einkommen hoffen. Neuankömmlinge, die sich keine Wohnung leisten können, müssen in äußerst dicht bevölkerten Slums unterkommen, wie es sie z. B. in Mumbai oder Karatschi gibt.

DIE HÖCHSTEN UNTER DEN HOHEN
Der Wettstreit der Wolkenkratzer begann zwar in den USA, doch in den letzten zehn Jahren wurden die höchsten Gebäude v. a. in Asien erbaut. Bei der Reihenfolge der hier gezeigten Gebäude wurden nur Dach oder Turm, nicht aber die Antennenanlagen berücksichtigt. Daher sind die Petronas Towers höher als der Willis Tower. Es fehlt das World Trade Center in New York, dessen Zwillingstürme 417 m und 415 m hoch waren. Als sie 1972 gebaut wurden, waren sie die höchsten Gebäude der Welt. Sie wurden 2001 bei einem Terroranschlag zerstört.

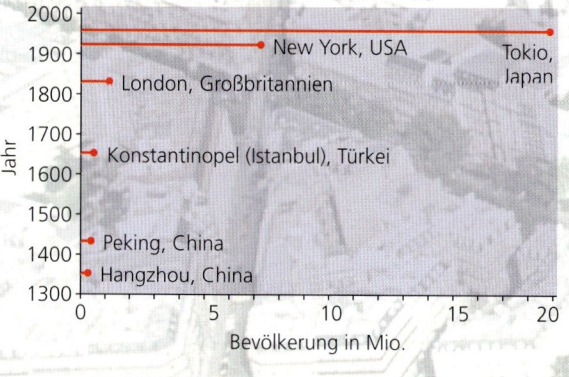

New York, USA

London, Großbritannien

Konstantinopel (Istanbul), Türkei

Peking, China

Hangzhou, China

Tokio, Japan

Jahr / Bevölkerung in Mio.

HISTORISCHE DIMENSIONEN
Dieses Diagramm zeigt, zu welchem Zeitpunkt eine Stadt die größte der Welt wurde und wie viele Einwohner sie damals hatte. Diese Zahlen helfen uns, die wirtschaftlichen und politischen Kräfte zu verstehen, die Aufstieg und Fall einer Stadt verursachen. Faktoren wie Handel, Industrie, Bevölkerungswanderungen, Eroberungen, Krankheiten und Klimaveränderungen beeinflussen das Wachstum von Städten. London wurde z. B. zur größten Stadt der Welt, als die industrielle Revolution einsetzte und Menschen vom Land in die Stadt strömten.

Burj Khalifa, Dubai, VAE
Erbaut 2010, 828 m

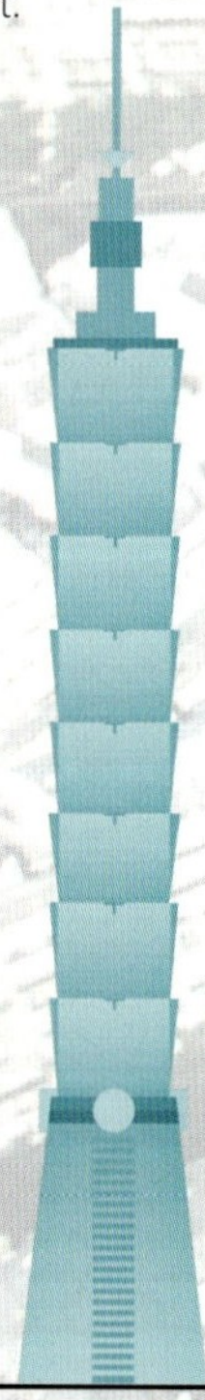

Taipeh 101, Taipeh, Taiwan
Erbaut 2004, 508 m

Shanghai World Financial
Centre, Shanghai, China
Erbaut 2008, 492 m

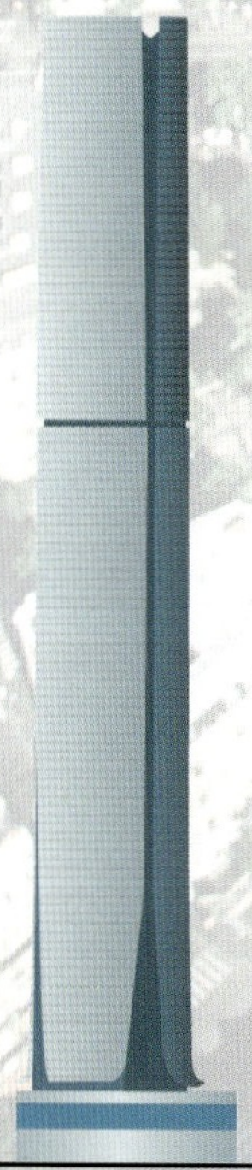

International Commerce
Centre, Hongkong, China
Erbaut 2010, 484 m

Petronas Towers,
Kuala Lumpur, Malaysia
Erbaut 1998, 452 m

DIE MEISTEN BESUCHER

In diese Karte sind die Städte eingetragen, die zwischen 2006 und 2008 die meisten Ankünfte zu verzeichnen hatten. London (Großbritannien) hatte die größte Zahl von ausländischen Besuchern, weil die Stadt sowohl für Geschäftsleute als auch für Touristen attraktiv ist. Antalya (Türkei) wird auch oft angeflogen, weil von dort aus die gesamte türkische Mittelmeerküste erreichbar ist.

Paris
35,8 Mio.

New York
24,7 Mio.

Bangkok
31,4 Mio.

Istanbul
13 Mio.

London
43 Mio.

Hongkong
27,5 Mio.

Antalya
15,6 Mio.

Dubai
20,2 Mio.

Kuala Lumpur
8,9 Mio.

Singapur
29,9 Mio.

New York, 8683 km²

Tokio, 6993 km²

Chicago, 5498 km²

Atlanta, 5083 km²

Philadelphia, 4661 km²

GRÖSSTE FLÄCHENAUSDEHNUNG

Diese Städte bedecken weltweit die größte Fläche. Dazu zählt in diesem Fall auch das urbanisierte Gebiet rund um die Städte. Mit Ausnahme von Tokio, die in jeder Hinsicht die größte Stadt der Welt ist, sind dies nicht die Städte mit den meisten Einwohnern. Sie dehnen sich lediglich am weitesten aus. Zwar sind am Stadtrand die Grundstücke meist billiger und die Wohnviertel ruhiger, aber die Menschen müssen weitere Wege zurücklegen, um zur Arbeit, zur Schule oder zum Einkaufen zu gelangen. Daher wird hier viel Treibstoff verbraucht, sowohl von Privatautos als auch von den öffentlichen Verkehrsmitteln.

BIP im Jahr 2008 (in Mrd. US$)

1479	1406	792	574	565
Tokio	New York	Los Angeles	Chicago	London

HIER WIRD DER MEISTE WOHLSTAND ERWIRTSCHAFTET

Wie viel Wirtschaftsleistung eine Stadt erzeugt, wird durch das Bruttoinlandsprodukt (BIP) angegeben. Es gibt den Marktwert aller in einem Jahr dort produzierten Güter und Dienstleistungen an. Da es nur die Gesamtleistung misst, haben große Städte meist ein höheres BIP als kleine, auch wenn die Menschen dort vielleicht genauso wohlhabend sind. Die Top Fünf in dieser Liste sind jedenfalls ausnahmslos groß und liegen in reichen Ländern.

Antennenhöhe 85 m

Nanjing Greenland Financial Centre, Nanjing, China
Erbaut 2010, 450 m

Willis Tower (früher Sears Tower), Chicago, USA
Erbaut 1974, 442 m

Guangzhou International Finance Centre, Guangzhou, China Erbaut 2010, 438 m

Trump International Hotel and Tower, Chicago, USA
Erbaut 2009, 423 m

Jin Mao Tower, Shanghai, China
Erbaut 1998, 421 m

Glossar

AQUÄDUKT
Eine Wasserleitung, die über eine hohe Brücke führt.

ARCHÄOLOGE
Ein Forscher, der alte Siedlungen und Überreste menschlicher Kulturen ausgräbt und wissenschaftlich untersucht.

ARCHITEKTUR
Die Kunst und Wissenschaft des Bauens oder der Baustil eines Gebäudes.

AUSGANGSSPERRE
Eine Regel, dass die Leute zur Sicherung der öffentlichen Ordnung zu bestimmten Tages- und Nachtzeiten ihr Haus nicht verlassen dürfen.

AVENUE
Eine breite, von Bäumen gesäumte Prachtstraße.

BALLUNGSZENTRUM
Ein riesiger städtischer Raum, der aus der Verschmelzung mehrerer einzelner Städte entsteht, wenn diese immer weiter wachsen.

BEFESTIGUNGSWALL
Die äußeren Verteidigungsanlagen einer Stadt – meist Erdwälle, die auch durch Steinmauern verstärkt sein können.

BELAGERUNG
Eine militärische Taktik: Die Angreifer schneiden die Versorgungswege einer Stadt ab, sodass die Bewohner gezwungen sind, sich zu ergeben.

BIP
Bruttoinlandsprodukt – ein Maß für die Wirtschaftsleistung. Es gibt den Gesamtwert aller Waren und Dienstleistungen an, die in einem Jahr in einer Stadt oder einem Land produziert und geleistet werden.

BÖRSE
Ein Ort, an dem mit Unternehmensaktien gehandelt wird. Eine Aktie ist ein Anteilsschein an einem Unternehmen.

Diese Dammstraße verbindet Singapur mit Johor Bahru (Malaysia).

BUNDESSTAAT
Ein politischer Zusammenschluss von Staaten, dessen Mitglieder teilweise unabhängig sind, wie in den USA oder der Bundesrepublik Deutschland.

CITY
Die Innenstadt, das dicht besiedelte Zentrum einer Stadt.

DAMMSTRASSE
Eine erhöhte Straße, die über einen Sumpf, ein Gewässer oder entlang einer Küstenlinie führt.

DEMOKRATIE
Ein politisches System, in dem die Bürger ihre Regierungsvertreter selbst wählen.

DEVISENHANDEL
Der Kauf und Verkauf ausländischer Währungen.

DIENSTLEISTER
Firmen oder Personen, die keine Waren herstellen, sondern Dienstleistungen anbieten, z. B. Friseure, Banken oder Warenhäuser.

DOWNTOWN
In den USA die Bezeichnung für das Stadtzentrum und das Geschäftsviertel einer Stadt.

FINANZWESEN
Die Geschäfte der Banken und Investoren.

FUNDAMENT
Der Unterbau eines Gebäudes, auf dem es steht.

GRAFFITI
Wörter oder Bilder, die auf öffentliche Flächen – Wände oder Brücken – gemalt werden.

GRÜNGÜRTEL
Begrünte Flächen, die nicht bebaut werden dürfen.

HINTERLAND
Das Gebiet, aus dem Waren zu einem Hafen geliefert werden; auch das Gebiet, von dem die Versorgung einer Stadt abhängt.

Talca (Chile) wurde in rechtwinkligem Grundriss angelegt.

INDUSTRIELLE REVOLUTION
Die Massenproduktion von Gütern in Fabriken löste im 18. und 19. Jh. große Veränderungen aus, in deren Verlauf viele Menschen als Arbeiter vom Land in die Städte zogen.

INFRASTRUKTUR
Die Einrichtungen und Dienstleistungen, ohne die eine Stadt nicht funktioniert: Verkehrswege, Strom- und Wasserversorgung, Abwasserkanalisation und Kommunikationsnetzwerke.

KANALISATION
System aus Rohren, in denen Regenwasser und Abwasser aus Haushalten und Industrie gesammelt und aus der Stadt geleitet wird.

KAPITALISMUS
Ein Wirtschaftssystem, in dem die Produktionsmittel (z. B. Fabriken) nicht dem Staat oder der Regierung, sondern Privatpersonen gehören.

KARNEVAL
Eine Zeit mit vielen Festen und Umzügen, die jedes Jahr kurz vor der christlichen Fastenzeit veranstaltet werden.

KATAKOMBE
Ein unterirdischer Friedhof mit Kammern für die Särge oder die Urnen.

Eine Versammlung des Stadtrats in Marseille, Frankreich

KEILSCHRIFT
Eine alte Schrift mit keilförmigen Zeichen, die in den ersten Städten im alten Irak verwendet wurde.

LÄNDLICHE REGIONEN
Gebiete außerhalb von Städten.

MEERWASSERENTSALZUNG
Der Entzug von Salz aus dem Meerwasser, sodass es als Trinkwasser oder zur Bewässerung von Feldern genutzt werden kann.

MEGAREGION
Ein extrem weitläufiges Stadtgebiet, noch größer als ein Ballungsgebiet.

MEGASTADT
Eine besonders riesige Stadt.

METROPOLE
Eine wichtige Großstadt in einer Region oder einem Land, nicht unbedingt die Hauptstadt.

MIGRATION
Eine Bewegung von Menschen aus einer Region oder einem Land in andere Regionen oder Länder oder in eine entfernte Stadt.

MINARETT
Der hohe Turm einer Moschee für den Gebetsrufer.

ÖFFENTLICHE VERWALTUNG
Die Behörden und Ämter, in denen die vom Staat angestellten Beamten die Beschlüsse der Regierung ausarbeiten und ausführen.

PARKOUR
Eine Sportart, bei der die städtische Umgebung als Hindernisparcours betrachtet wird. Sie ist dem Freerunning sehr ähnlich.

PFEILER
Ein langer Pfosten aus Holz, Beton oder Metall, der beim Bau des Fundaments von Gebäuden tief in den Boden getrieben wird.

PRODUKTION
Die Herstellung von Gütern in der Industrie und im Handwerk.

RADIOAKTIVITÄT
Bestimmte Stoffe senden gefährliche Strahlung aus, weil sich der Aufbau ihrer Atome spontan ändert.

RECHTWINKLIGER GRUNDRISS
Stadtplanung mit quadratischen Häuserblocks, bei der gerade Straßen in rechtwinkligen Kreuzungen aufeinandertreffen.

RECYCLING
Die Wiederverwertung von Abfällen aus Papier, Stoff, Holz, Glas, Metall und Kunststoff, damit weniger Müll entsteht und Rohstoffe gespart werden.

Turm der Kathedrale von Chichester (Großbritannien)

SATELLITENSTADT
Eine Stadt außerhalb der Stadtgrenzen einer Großstadt, deren Bewohner aber hauptsächlich in der Großstadt arbeiten.

SLUM
Ein Gebiet aus heruntergekommenen Behausungen mit schlechter Wasser- und Stromversorgung und unzureichender Kanalisation. Sie werden auch Favelas oder Townships genannt.

STADT
Eine große und dicht bevölkerte Siedlung mit eigener Verwaltung und Versorgung.

STADTERNEUERUNG
In schäbigen Vierteln werden Gebäude neu gestaltet, die Infrastruktur verbessert und Investoren werden angeregt, Arbeitsplätze für die Einwohner zu schaffen.

STÄDTEVERFALL
Der Verfall bestimmter Viertel aufgrund von gesellschaftlichen oder wirtschaftlichen Veränderungen, z.B. dem Wegzug wichtiger Industrien, sodass die Menschen arbeitslos und arm werden.

STÄDTISCH
Alles, was mit Städten zu tun hat.

STADTRAT
Eine Gruppe gewählter Volksvertreter, die in einer Stadt Beschlüsse fassen und sie ausführen lassen.

STADTSTAAT
Ein Staat wie Singapur, dessen Staatsgebiet nur aus der Stadt und der umliegenden Region besteht.

STADTVERSAMMLUNG
Eine Zusammenkunft von Bürgern oder gewählten Bürgervertretern.

TERRORIST
Eine Person, die mithilfe von schrecklichen Gewalttaten Furcht erzeugen und dadurch politische Veränderungen erzwingen will.

ÜBERWACHUNGSKAMERA
An öffentlichen Plätzen und Kreuzungen sind oft Kameras angebracht, die den Verkehr überwachen und für Sicherheit sorgen sollen.

UMWELTVERSCHMUTZUNG
Die Vergiftung des Bodens, der Luft oder des Wassers durch Haus- und Industriemüll, Abwasser oder Abgase.

Die Festungsmauern von Carcassonne (Frankreich)

URBANISIERUNG
Die Ausbreitung städtischer Lebensformen auch auf dem Land.

VANDALISMUS
Die absichtliche Zerstörung, Verunzierung oder Verschmutzung öffentlichen oder privaten Eigentums.

VOLKSGRUPPE
Eine Gruppe von Menschen mit gemeinsamem kulturellem Erbe.

VOLKSZÄHLUNG
Eine offizielle Zählung aller Personen, die in einem bestimmten Gebiet wohnen, auch die Sammlung der erfassten Daten.

VORORT
Ein Wohnbezirk oder eine Siedlung am äußeren Stadtrand.

WAHRZEICHEN
Ein berühmtes Denkmal, Gebäude oder eine natürliche Besonderheit.

WALLFAHRT
Die Reise eines Gläubigen zu einem religiösen Heiligtum oder Schrein.

WIRTSCHAFT
Das System aus Geld, Tausch, Geschäften, Handel, Arbeit und Herstellung, mit dem die Bedürfnisse der Menschen gedeckt werden sollen.

WOLKENKRATZER
Ein sehr hohes Gebäude mit vielen Stockwerken.

ZERSIEDELUNG
Die fortschreitende Ausdehnung eines Stadtgebiets in die umgebende ländliche Region.

ZIKKURAT
Ein riesiger, stufenförmiger Tempelbau, wie er in Städten im alten Mesopotamien (Naher Osten) gebaut wurde.

ZITADELLE
Der befestigte Bereich in alten Städten, von dem aus die Stadt verteidigt und beherrscht wurde.

ZIVILISATION
Eine Gesellschaft, die Kunst, Wissenschaft, eine Regierungsform und Gesetze entwickelt hat.

Register

A B

Abflusssysteme 40, 41
Ägypten, altes 15, 67
Altertum, Städte im 8–9, 14–15
Amritsar, Indien 13, 66
Angkor, Kambodscha 16
Aquädukte 42
Archäologie 8–9, 40
Armut 25, 31, 32
Äsop 7
Athen, Griechenland 8, 44, 47, 52, 66
Atombombe 23
Autoindustrie 21, 33
Autorennen 53
Azteken 26, 28, 40, 52
Babylon 18, 28, 54
Ballspiele, frühe 52
Bangalore, Indien 33
Bangkok, Thailand 35
Bankwesen 20, 25, 36
Barcelona, Spanien 24, 47
Bastion 19
Belagerungen 18–19, 22, 42
Benin, Westafrika 22
Berlin, Deutschland 19, 25, 42, 66
Bevölkerung 6, 32–33, 65, 68
Bibliotheken 12
Bildung 12–13
Birmingham, England 56
Börse 36–37
Brände 16, 28, 45, 60
Bremerhaven, Deutschland 11
Budapest, Ungarn 25
Burgen 18
Bürgermeister 44
Burj Khalifa, VAE 28, 67, 68

C D

Cafés 35
Carcassonne, Frankreich 18–19
Çatalhüyük, Türkei 8
Central Business District 25
Chicago, USA 28, 29, 41, 55, 69
Chinatown 25
Christentum 6, 12, 13, 14, 40, 54
Computer 21, 33, 36, 62
Damaskus, Syrien 14
Delhi, Indien 24
Detroit, USA 21, 33
Diamanten 11
Dienstleistungen 36–37
Dubai, VAE 28, 56, 67, 68
Düsseldorf, Deutschland 64

E F G

Einkaufszentren 37, 57
Eisenbahnen 30, 38, 41
Erdbeben 16, 60
Fabriken 20–21, 24, 56
Feste 7, 25, 54–55, 57
Feuerwehr 45
Filmindustrie 37, 46
Finanzviertel 20, 25, 36
Florenz, Italien 10, 20
Flüsse 10, 31, 39, 59, 61
Freiflächen 48–49
Fußball 52
Gärten 48
Geburtenkontrolle 33
Geschäftsviertel 24–25, 28, 36
Gesellschaft 9, 31, 34–35
Gesundheitswesen 21
Graffiti 51
Griechenland, altes 7, 8, 10, 17, 44, 50, 52, 66
Groß-Simbabwe 16
Gummiproduktion 21, 59

H I J K

Häfen 11, 60
Hamoukar, Syrien 9
Handel 9, 10–11, 14, 16, 20–21
Handwerk 20
Hausboote 31
Hinduismus 15, 54
Hinterland 42
Hiroshima, Japan 23
Höhenlage 59, 65
Hollywood, USA 35, 37, 46
Hongkong, China 31, 36, 37, 55, 62, 68
Hurrikane 60, 61
Indus 26
Industrie 7, 10, 20–21, 24, 32, 37, 61
industrielle Revolution 20
Iquitos, Peru 59
Irak, im Altertum 9, 18, 28
Ischtar-Tor 18
Islam 12, 13, 14
Istanbul, Türkei 38, 42, 56, 66
Jaisalmer, Indien 43
Jericho, Palästina 14
Jerusalem, Israel 13, 67
Judentum 13
Kabul, Afghanistan 27
Kairo, Ägypten 15
Kanalisation 41
Kapselhotels 32
Karneval 54
Karthago 22
Katakomben 40
Katapult (Trebuchet) 18–19
Katastrophen 16–17, 23, 45, 60–61
Kathedralen 6, 12, 67, 71
Kernkraftwerk 61
Klima 16–17, 58–59
Klimaanlagen 58
Kriege 16, 18, 22–23, 27, 42
Kuala Lumpur, Malaysia 29, 68
Kunst 7, 22, 50–51

L M N

Landwirtschaft 8, 9
La Paz, Bolivien 59, 65
Las Vegas, USA 37, 43
Lebensqualität 64
London, England 25, 36, 44, 47, 48, 49, 52, 56, 57, 68
  Big Ben 67
  Großer Brand 60
  Kanalisation 41
  Verkehr 30, 38
Los Angeles, USA 30–31, 39
Luftangriffe 22, 23
Mailand, Italien 6, 36, 51
Manila, Philippinen 25, 32, 47
Marathonläufe 52
Maya 9, 28, 52
Medina 26
Megastädte 31
Mekka, Saudi Arabien 12
Mexiko-Stadt, Mexiko 26, 40, 67
Migranten 32–33
Modeindustrie 36
Mogadischu, Somalia 23
Monaco 53
Müllabfuhr 43, 45
Musik 50
Nachtleben 56–57
Nahrungsmittel 8, 42–43
Neuf-Brisach, Frankreich 19
New Orleans, USA 54, 56, 61
New York, USA 28, 29, 45, 47, 51, 52, 55, 56, 69
  Central Park 49
  Freiheitsstatue 66
  Grundriss 27
  Terroranschlag 23

O P R

Obdachlosigkeit 35
Öko-Städte 63, 64
Olympische Spiele 52
Ottawa, Kanada 59
Oxford, England 12–13
Paris, Frankreich 26, 35, 36, 38, 40, 44, 57
  Eiffelturm 66
  künstlicher Strand 49
  Marathon 52
  soziale Unruhen 22, 31
Parkour 53
Parks 48–49
Parthenon 8, 66
Peking, China 48–49, 51, 59, 66
Persepolis, Persien 16–17
Pest 60
Petra, Jordanien 16
Petronas Towers 29, 68
Pilger 12–13, 15
Pisa, schiefer Turm 46
Polizei 44
Pompeji, Italien 16, 51, 60
Pyramiden 15, 28, 67
rechtwinklige Grundrisse 27, 70
Regierung 7, 10, 35, 44
Religion 6, 12–13, 14, 15, 16, 18, 54
Rettungsdienste 45, 57
Rio de Janeiro, Brasilien 46, 49, 51, 54–55, 67
Rohstoffe 10, 11
Rom, Italien
  altes 9, 10, 14, 52, 54, 66
  modernes 14, 50
Römisches Reich 50, 52

S T U

San Francisco, USA 25, 60
San Gimignano, Italien 18
Sankt Petersburg, Russland 22, 51
Schichtarbeit 56
Schrift 9
Schwebebahnen 38–39
Science-Fiction 17, 63
Seidenstraße 10–11, 14
Seuchen 60
Sevilla, Spanien 55
Shanghai, China 6, 37, 57, 68, 69
Silicon Valley, USA 21
Singapur 47, 62, 64, 66, 70
Slums 25, 30, 33
Smog 39, 59
Souvenirs 46–47
Speicher 42
Sport 35, 52–53
St. Patrick's Day 55
Städte
  der Zukunft 62–63
  Wachstum 6–11
Stadtmauern 9, 18–19
Stadtplanung 26–27, 30, 33, 34, 38, 45, 49, 68
Stadträte 44, 70
Stadtstaat 62
Stadtviertel 24–25, 30–31
Strände 49
Straßen 30, 38, 39
Straßenbeleuchtung 57
Stromversorgung 40, 43, 57
Sydney, Australien 24–25, 38–39, 49, 52
  Opernhaus 7, 67
Symbole 46–47
Tanzen 51, 55
Tempel 8, 13, 16, 28, 40, 66–67
Tenochtitlán, Mexiko 26, 40
Terrorismus 23
Tiahuanaco, Bolivien 9
Timbuktu, Mali 13
Tokio, Japan 31, 32, 36, 41, 56, 65, 69
Tourismus 46, 69
Tschernobyl, Unfall 61
Tunnel 40–41
U-Bahnen 38, 40, 41, 50
Überflutungen 58–59, 61
Umweltverschmutzung 21, 39, 43, 57, 59, 64
Unruhen 22, 31, 35
Urbanisierung 6, 7, 8, 21, 32, 62

V W X Z

Varanasi, Indien 15
Vatikanstadt 12
Venedig, Italien 27, 54, 58–59, 60
Verkehr 10–11, 30, 38–39, 47, 56, 59, 62–63, 64
Vermisste 34
Versorgung 42–43
Vororte 24, 30–31, 69
Vulkane 16, 17, 60–61
Wahrzeichen 46–47, 66–67
Washington D.C., USA 10
Wasserversorgung 40, 42, 43, 62
Weltkrieg, Zweiter 22, 23, 42
Wien, Österreich 47, 64
Wirtschaft 36–37, 62, 65, 69
Wohnungen 25, 29, 30, 33, 63
Wolkenkratzer 18, 24–25, 28–29, 37, 67, 68–69
Xi'an, China 15
Zikkurats 28
Zünfte 20

Dank und Bildnachweis

Dorling Kindersley dankt Caitlin Doyle: Korrektur; Jackie Brind: Index.

Der Verlag dankt folgenden Personen und Institutionen für die freundliche Genehmigung zum Abdruck von Fotos:

(Abkürzungen: o = oben, u = unten, m = Mitte, go = ganz oben, l = links, gl = ganz links, r = rechts, Hg = Hintergrund.)

akg-images: John Hios 44gol. Alamy Images: An Qi 51u; Krys Bailey 2ml, 54gol; E.J. Baumeister Jr 25m; Eric Brown 61gor; Rob Crandall 45ur; Eastland Photo 71gor; EmmePi Images 58mro; Tony Eveling 56mlu; Colin Galloway 59gor; Peter Horree 20mr; imagebroker 29m; Stuart Jenner 62ml; JTB Photo Communications, Inc. 55gol; Linda Kennedy 71u; Mary Evans Picture Library 21gol, 60gol; Steven May 45mr; Eric Nathan 41ml; Niday Picture Library 20u; North Wind Picture Archives 26gol; Photos 12 37gol, 38ml; Picture Contact 31gol; Leonid Plotkin 59ur; qaphotos.com 41ur; Robert Harding Picture Library Ltd 2gor, 38ul; Friedrich Stark 25mru; Zhu Tianchun/TAO Images Limited 48–49; Stacy Walsh Rosenstock 51gol. ARCADD, Inc.: Dr. Hisham N. Ashkouri, AIA 27mru; Photography © The Art Institute of Chicago: Edward Hopper, US-Amerikaner, 1882–1967, Nighthawks, 1942, Öl auf Leinwand, 84.1 x 152.4 cm (33 1/8 x 60 in.) Friends of American Art Collection, 1942.51, The Art Institute of Chicago. 56gol. The Art Archive: Bibliothèque Nationale Paris 22ml; Gianni Dagli Orti/Museo del Templo Mayor Mexico 40m; Museo Nazionale Taranto/Alfredo Dagli Orti 50gol. Bruce Moffat Collection: 41gor. Corbis: David Arky 2ur, 37ur; Yann Arthus-Bertrand 64–65 (Hg), 66–67 (Hg), 70–71 (Hg); Yann Arthus-Bertrand/ Jean-François Chalgrin 26u; Atlantide Phototravel 42ml; B.S.P.I. 4mru, 62gor; Gaetan Bally/Keystone 7gol; Bettmann 22–23m (Luftangriff), 29mro, 42um, 60–61 (Hg); Walter Bibikow / JAI 39gor; Bilderbuch/Design Pics 67mu; Sébastien Cailleux 12–13gom; Stéphane Cardinale / Sygma 57mro; John Carnemolla 38–39ur; Alan Copson/JAI 43gor; P. Deliss / Godong 4gol, 12gol; Patrick Escudero/Hemis 67gol; Michele Falzone/JAI 13mr, 27gor; Bertrand Gardel/Hemis 67mlu; Lowell Georgia 67r; Justin Guariglia 47mro; Halaska, Jacob/ Index Stock 50ul; Paul Hardy 36gol; Angelo Hornak 48gol; K. J. Historical 16m; Wolfgang Kaehler 66ur; Mike Kemp/In Pictures 57gol; Bob Krist 69mlu; James Leynse 43mcru; Josef Lindau 53u; John Lund/Paula Zacharias/Blend Images 62mr; Mark Mawson Robert Harding World Imagery 7gor; David Mercado/Reuters 59mlo; moodboard 35mro; Sergio Moraes/Reuters 54u; Larry Mulvehill 30–31u; Ocean 51gor; Gianni Dagli Orti 9gor; Alberto Pizzoli/Sygma 58–59 (Hg); Michael Prince 6–7u; José Fuste Raga 18ul; Bertrand Rieger/Hemis 40mru; Tony Savino 50mu; Phil Schermeister 25gol; Schlegelmilch 53gol; Paul Seheult/Eye Ubiquitous 66mlo; Bill Stormont 45gol; E. Streichan 66mo; Ted Spiegel 20mlo, 20gol; Nico Tondini /Robert Harding World Imagery 18m; David Turnley 23m; Jean-Michel Turpin 31ml; John Van Hasselt 52mru; Isabelle Vayron/ Sygma 16gol; David Vintiner 67gor; WWD/Condé Nast 36ul; Michael Yamashita 49ul, 64ul. Dorling Kindersley: ARF/TAP (Archaeological Receipts Fund) 66mlu; Arte Primitivo 4ml, 9ml; Courtesy of Patrice Reboul 22um; Courtesy of the Museo Archeologico Nazionale di Napoli 16mlu; mit Erlaubnis des University Museum of Archaeology and Anthropology, Cambridge 9mr; Exeter City Museums and Art Gallery, Royal Albert Memorial Museum 22ur; Rough Guides 70gom; Michel Zabe/Conaculta-Inah-Mex 3gol, 52gol. Flickr.com: Joerg Zwingli 46ul. fotolia: Natalia Bratslavsky 67mo; Comugnero Silvana 3gor, 44mlu. Frederick Warne & Co.,: Cover von *The Tale of Johnny Town-Mouse*, Beatrix Potter/Abdruck mit Erlaubnis von Frederick Warne & Co./1918 7mr. Getty Images: 29ur, 55gor, 60m, 67ul; AFP 11gol, 28mr, 32u, 33gor, 35ul, 52ul, 54gor, 55ur, 61mru, 66um, 70ul; Altrendo Travel 2mr, 9ur; Colin Anderson 64ur; Antoine Antoniol / Bloomberg 49gol; John W Banagan 15gol; Nathan Blaney / Flickr 3u, 26–27 (Kreuzung); Ira Block 8u; Bloomberg 21ur, 21gor, 65ml; Tom Bonaventure 64gol; Brand X Pictures 21ml; Buena Vista Images 69mlo; Paul Chesley 32ml; Max Dannenbaum / The Image Bank 12–13u; Bruno De Hogues 35mru; DEA Picture Library 60ml; Sam Diephuis 6mlo; Sally Dillon 65ur; Jerry Driendl 69ml (Atlanta); Andre Gallant 59gol; Hisham Ibrahim 64mro; Image Source 69mr (Geldbeutel); John Lamb 67mru; LatinContent 52m; Siegfried Layda 4u, 28–29 (Wolkenkratzer); Peter Macdiarmid 35gor; Diane Macdonald 69mr; David McNew 34–35gom; Ryan McVay 69gor (Rotes Gepäck); Medioimages / Photodisc 27mo; Toshitaka Morita 6gol; Sarah Murray 66ul; Narinder Nanu / AFP 13gor; Kazuhiro Nogi / AFP 23gor; Nomadic Luxury 69ml (Tokio); Planet Observer / Universal Images Group 62mlu; PNC 50mro; Ingolf Pompe / LOOK-foto 64mlu; R H Productions 69ml (Chicago); RedChopsticks 8gol; Stuart Redler 42–43m; Adalberto Rios Szalay / Sexto Sol 65mr; Alessandro Rizzi 37gor; Sabine Scheckel 4gor, 25gor; Tom Stoddart 19um; Luca Tettoni 5gor, 47gor; The Bridgeman Art Library 14m; Alan Traeger 30mro; Travel Ink 42gol; Guy Vanderelst 67um; Susan Watts / NY Daily News Archive 39gol; Win Initiative 70mr; Alison Wright / Robert Harding 14ul. iStockphoto.com: Efesan 1m, 46–47m; Inna Felker 1l, 46mru; Jonathan Maddock 16um; Rasmushald 1r, 47ul; Anthony Rosenberg 64mru; shishic 15u. Joel Gordon Photography: 34mru. Yves Marchand & Romain Meffre: 33mr. Govind Mittal: 24gol. MVRDV: 63u. NASA: GSFC/METI/ERSDAC/JAROS und U.S./ Japan ASTER Science Team 17gol. naturepl.com: Laurent Geslin 49mru. Joe Nishizawa: Metropolitan Area Outer Underground Discharge Channel 41gol. Photolibrary: 10–11u; Bartomeu Amengual / age fotostock 57ur; W Buss 17u; Robert Clark / Aurora Photos 23ur; Günter Flegar 14gol; Godong 33gol; Hiroshi Higuchi 6ml; imagebroker.net 37mr; Japan Travel Bureau / Haga Library 12mu; Kordcom 15gor; V Muthuraman 62ur; Pixtal Images 24u; Alexis Platoff 34l; Erwan Quemere 19go; Guido Alberto Rossi 10gol; The Print Collector 7ml; Paul Underhill / PYMCA 56–57m; Ivan Vdovin 67mlo; Steve Vidler 11mr. Photoshot: UPPA 44–45um. Press Association Images: Jin Lee / AP 36–37m. Reuters: Romeo Ranoco 32gol. The Ronald Grant Archive: 20th Century Fox 17gor. TfL aus der Sammlung des London Transport Museum: 30gol. TopFoto.co.uk: The Granger Collection 63gom. U.S. Geological Survey: Ron Beck, USGS Eros Data Center Satellite Systems Branch 31gor. University of Chicago: Oriental Institute, Hamoukar Expedition 9mlo.

Poster: Alamy Images: Krys Bailey mgr; imagebroker mlo; Corbis: Atlantide Phototravel mlu (Zisterne); B.S.P.I. mru (Auto); Michael Prince u; Tony Savino mr; David Turnley mlu (Soldaten); Dorling Kindersley: Courtesy of the Museo Archeologico Nazionale di Napoli mlo (Gipsabdruck); Getty Images: John W Banagan gol (Pagode); Nathan Blaney / Flickr mlo (Schilder); Paul Chesley mro; LatinContent mru; Stuart Redler ul; Govind Mittal: mo; Photoshot: UPPA mu; Press Association Images: Jin Lee / AP gor.

Cover: *Vorn:* Alamy Images: AntipasM mro; Corbis: E. Streichan glmo; Getty Images: Fuse u; *Hinten:* Corbis: B.S.P.I mr, Ted Spiegel ul; Fotolia: gor; Getty Images: Alison Wright / Robert Harding glmo; iStockphoto.com: m/(Schneekugel), m/(russisches Souvenir), m/(Schlüsselanhänger); Photolibrary: Hiroshi Higuchi um; TfL from the London Transport Museum collection: ur.

Alle anderen Abbildungen © Dorling Kindersley

Weitere Informationen unter www.dkimages.com

Weitere Themen in dieser Reihe:
(Bandnummer in Klammern)

Das alte Ägypten (8)
Das alte Griechenland (21)
Das alte Rom (38)
Autos (25)
Azteken, Inka & Maya (28)
Bedrohte Tiere (5)
Burgen (24)
Christentum (34)
Demokratie (30)
Dinosaurier (1)
Eisenbahnen (19)
Die ersten Menschen (26)
Evolution (50)
Fische (13)
Flugmaschinen (41)
Fossilien (47)
Gesteine & Mineralien (17)
Große Entdecker (12)
Große Musiker (42)
Große Wissenschaftler (33)
Haie (10)
Hunde (39)
Indianer (18)
Insekten (35)
Katzen (23)
Klimawandel (11)
Kriminalistik (44)
Der Mensch (2)
Musikinstrumente (14)
Mythologie (31)
Naturwissenschaften (7)
Ozeane (32)
Pferde (43)
Pflanzen (48)
Piraten (36)
Regenwald (20)
Ritter (16)
Säugetiere (45)
Schätze (6)

Spione (9)
Städte (3)
Teiche & Flüsse (27)
Titanic (22)
Vögel (29)
Vulkane (37)
Wasser (40)
Weltall (15)
Wetter (46)
Wikinger (49)
Wirtschaft (4)